이것이 제주라

이 도서의 국립중앙도서관 출판시도서목록(CIP)은 e-CIP홈페이지(http://www.nl.go.kr/ecip)에서
이용하실 수 있습니다.

이것이 제주다
고희범의 제주 깊이보기

2013년 12월 20일 초판 1쇄 펴냄
2014년 8월 15일 초판 2쇄

© 고희범, 2013

글쓴이 | 고희범
펴낸곳 | 도서출판 단비
펴낸이 | 김준연
편집 | 권나명
디자인 | 이수정
등록 | 2003년 3월 24일(제 2012-000149호)
주소 | 경기 고양 일산서구 일중로 30 505동 404호(일산동, 산들마을)
전화 | 02-322-0268
팩스 | 02-322-0271
전자우편 | rainwelcome@hanmail.net

ISBN 979-11-85099-17-0 03810

* 이 책의 내용 일부를 재사용하려면 저작권자와 도서출판 단비의 동의가 반드시 필요합니다.
* 책값은 뒤표지에 있습니다.

고희범의 제주 깊이보기

이것이 제주다

고희범 지음

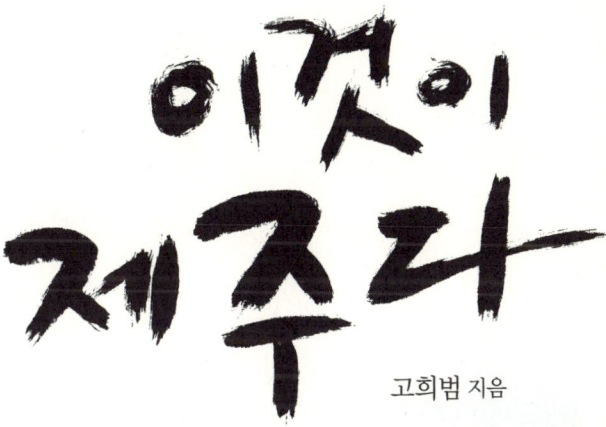

단비 danbi

서문

제주의 미래 비전은
제주의 가치에서 시작한다

　　자동차를 몰고 외곽으로 나서면 2차선 도로가 구불구불 이어진다. 길 양쪽으로 숲이 우거져 있거나, 얕은 밭담 너머 다양한 농작물이 자라고 있다. 길가에는 계절에 따라 노란 유채꽃이 듬성듬성 피어 있거나, 억새가 하늘거리고 있기도 한다. 이보다 더 아름다울 수 없다. 고향을 떠나 40년의 도시 생활 끝에 다시 돌아온 제주섬은 나에게 이렇듯 환상적인 모습으로 다가왔다.
　　역설적이게도 제주도의 허파요, 식생의 보고인 곶자왈이 아직까지 버려진 땅으로 고이 남겨질 수 있었던 것은 농사도 지을 수 없는 몹쓸 땅인 데다, 과거에는 파헤칠 방도도 없었기 때문이다. 그렇게 곶자왈은 감춰진 보물로 우리에게 상속된 것이다.

우리에게 버림을 받았거나, 우리가 어쩌지 못하고 마지못해 남겨둔 것들, 또는 언제나 우리 가까이에 있어서 전혀 귀해 보이지 않던 것들이 오늘에 이르러 보물이라니!

세계는 제주가 간직하고 있는 보물들에 주목하고, 유네스코에서는 3관왕을 안겨주었다. 하지만 우리가 미처 그 가치를 인식하지 못하고 있던 사이 많은 것들을 잃었다. 전국 어디서도 보기 힘든 제주시 탑동의 먹돌 해안은 아스팔트로 덮여버렸고, 큰물의 속도를 조절하던 건천의 아름다운 바위들은 하천 정비라는 이름으로 부서졌다. 이렇게 사라진, 지금도 사라지거나 잊혀지고 있는 보물은 우리가 그것을 보물로 알아보지 못한 탓이리라.

제주가 그리는 꿈, 미래 비전은 무엇인가? 우리 스스로 제주의 가치를 새롭게 인식하는 전제 위에서 비로소 제주의 미래 비전을 그려낼 수 있는 것이 아니겠는가? 세계가 부러워하는 미래의 가치를 지니고 있음에도 정작 우리는 그 가치를 제대로 인식하지 못하고 있는 것은 아닐까? 이런 생각이 지난 4년 동안 나를 사로잡고 있었다.

'청정 제주', '아시아의 보물', '유네스코 3관왕' 등 제주를 수식하는 갖가지 표현에는 화산이 만들어낸 축복을 고스란히 간직하고 있음에 대한 찬사가 담겨 있다. 그러나 지난날 그 속에서 살아온 제주 사람들에게 자연은 척박하고, 시절은 잔혹했으며, 그래서 삶은 고달팠다. 제국주의 시대와 냉전 시대에 동북아의 중심에 위치한 제주도는 뛰어난 지정학적 가치로 주변국들의 탐욕의 대상이 되어 제주의 역사는 비극으로 점철됐다. 그 고난의 세월을 거치며 제주 사람들의 삶은 제주의 독특한 문화를 일구어냈다.

제주의 미래 비전을 제대로 그려내기 위해 제주의 가치를 새롭게 인식해보자는 취지로 '제주 탐방'을 시작한 것이 4년째 이어지면서 어느덧 40회를 넘겼다. 제주의 역사와 문화, 생태 등의 분야에서 주제를 정하고 이와 관련되는 현장들을 찾아갔다. 해당 분야 전문가의 깊이 있는 해설은 제주가 품고 있는 가치를 확인하는 데 부족함이 없었다. 돌멩이 하나, 풀 한 포기도 새롭게 보이는 감동이 있었다. 매번 함께 참석했던 분들로부터 "제주에 살면서도 이런 게 있는 줄 몰랐다"는 감탄을 들었다. 탐방에 참가했던 분들과 감상을 나누기 위해 썼던 탐방 후기가 쌓여 책 한 권이 되었다. 이 책은 자연이 빚어놓은 보물섬에서 삶을 일구어온 사람들의 피와 땀과 눈물, 그 흔적을 찾아 떠난 3년 반의 여행에 대한 중간 보고서인 셈이다.

책은 세 부로 구성됐다. 제주의 역사를 다룬 제1부 '저항의 섬, 평화의 섬'은 탐라국이 건국된 이래 몽골 지배 100년에서 일제 치하, 현대에 이르기까지 제주가 겪어야 했던 수난과 저항, 평화를 향한 지난한 몸부림을 담았다. 제2부 '제주의 숨은 보물들'에는 지금은 사라진 마을의 흔적과 값진 역사 기록을 간직한 채 지금은 초라한 원도심, 제주의 돌이 만들어낸 예술 작품과 자연 속에 어우러진 건축물 등 제주 사람들의 삶이 일구어낸 문화가 담겨 있다. 제3부 '화산이 남긴 축복'에서는 화산섬 제주가 지니는 지질학적 가치를 보여준다. 한라산을 중심으로 전역에 봉긋봉긋 솟아난 360여 개의 오름은 그 자체로 세계에서 보기 드문 화산섬의 정수를 드러낸다.

이 책이 나오는 데는 많은 분들의 수고가 있었다. 매달 '제주 탐방'을 기획하고 사전 답사를 하면서 몇 차례나 현장을 뒤지고 다닌 '제주포럼 C'의 고성환 사무처장과 정은영 운영실장의 노고는 적지 않다. 참가자들의 편의를 위해 여행자 보험 가입부터 참석 확인, 심지어 버스 승차 확인에 애를 태운 송지영 행정실장의 공으로 매끄러운 탐방 진행에 부족함이 없었다. 역사, 지질, 생태, 환경, 도시 디자인, 건축, 예술, 신화 등 각 분야 전문가들의 해설이 없었다면 제주 탐방은 결코 이루어질 수 없었다. 관련 자료들을 정리해 탐방 자료를 만들고 전문적인 내용마저 알기 쉽게 해설해준 덕에 현장으로 향하는 버스 안은 강의실이 됐고, 현장으로 이어진 설명은 참가자들의 감동을 자아냈다. 제주의 가치를 확인하기 위한 이 여행에 동참한 분들에게도 감사를 드린다. 매번 버스를 가득 채우는 이분들의 뜨거운 관심 덕에 제주 탐방이 아직도 계속되고 있다.

추천의 글을 써주신 유홍준 교수와 사단법인 제주올레의 서명숙 이사장에게 특별한 감사를 드린다. 제주를 포함해 전국의 문화 유적을 전문 지식과 유려한 필치로 소개한 유 교수와 제주의 올레길을 열어 걷기 열풍을 일으키면서 제주의 새로운 비전을 제시한 서 이사장의 칭찬은 과분하다. 출간을 맡은 도서출판 단비의 김준연 대표, 편집 기획을 맡은 권나명 씨와 디자이너 이수정 씨, 표지 사진을 제공해준 강정효 사진작가와 캐리커처를 그려준 박재동 화백, 책 제목을 써준 홍진숙 화가에게도 감사를 드린다. 그 밖에 제주를 공부하고 연구하여 제주라는 콘텐츠를 채워준 수많은 향토 연구자들에게도 이 지면을 빌려 존경의 인사를 드린다. 그리고 탐라 이래 오늘에 이르기까지 돌투성이 절해고도에서 죽음보다 더 힘든 삶을 살면서 "살당보민 살아진다"는 끈질긴 생명력으로 제주섬을 지키고 일구어낸 우리의 조상 제주 사람들에게 한없는 존경과 위로의 인사와 함께 이 책을 바친다.

2013년 12월
고희범

차례

서문 … 5

제1부 역사 편: 저항의 섬, 평화의 섬

01 민란의 땅 모슬포 … 14

02 빗창의 항쟁, 잠녀의 숨비 소리 … 23

03 해방과 4·3, 그 비극의 현장 … 30
   큰넓궤와 헛묘

04 전쟁요새가 된 제주도 … 39
   알뜨르 비행장과 동굴 진지

05 제주에 유배 온 사람들 … 50
   추사적거지와 정난주 마리아 묘

06 조랑말의 고향 녹산장 … 60
   대록산

07 '목호의 난', 그 흔적을 찾아 … 69
   어름비에서 막숙까지

08 탐라국 개국과 그 진실 … 79
   혼인지

09 제주 불교의 흥망성쇠 … 86
   법화사 · 법정사 · 존자암

제2부 문화 편: 제주의 숨은 보물들

10 산지천 물길 따라 문화는 흐르고 … 100
　　제주시 원도심
11 너무 아름다워 잃어버린 마을 … 114
　　베릿내 마을과 한담 마을
12 은둔의 도읍지 성읍 … 121
13 회을 김성숙과 청보리 … 131
　　가파도
14 제주도에서 명당은 어디일까 … 136
15 옛사람들이 남긴 돌 문화재 … 148
16 예술로 승화된 제주의 돌 … 159
　　돌하르방 공원과 금능석물원
17 자연과 미술의 조화 … 170
　　제주 현대미술관과 이타미 준의 미술관들
18 제주의 아름다운 건축물들 … 180

제3부 생태 편: 화산이 남긴 축복

19 가을, 11월의 오름 … 190
20 아름다운 습지 먼물깍 … 197
21 백서향 향기 그윽한 무릉 곶자왈 … 205
22 '영주 10경'의 으뜸, 성산 일출봉 … 212
23 화산학 교과서 수월봉 … 221
24 3만 년의 신비, 하논 … 229
25 섬 속의 섬 비양도 … 235
26 한라산이 곧 제주 섬이다 … 241

참고 자료와 도움 주신 분들 … 252
찾아보기 … 256

제1부

역사 편

저항의 섬, 평화의 섬

01
민란의 땅
모슬포

4·3이 일어났던 4월, 제주에는 흐드러진 유채꽃 사이로 다시 추모의 물결이 인다. 피해자들이 오히려 '화해와 상생'을 이야기하는 기이한 현상은 제주 도민들의 넉넉함 때문인가. 그러나 현실은 다른 모습으로 나타난다. 4·3을 심각하게 왜곡한 교학사의 고교 한국사 교과서가 국사편찬위원회 검정 심의를 최종 통과한 것이 한 가지 사례. 희생자 대부분이 양민이 아니라 경찰과 우익 인사들인 것처럼 서술하거나, 직접적인 원인도 1947년 3월 시위 군중에 대한 경찰의 발포가 아니라 5·10 선거를 방해하기 위한 남로당의 봉기라고 주장했다. 사실마저 왜곡하는 일은 대통령의 사과를 무색하게 할 뿐만 아니라, 제주 도

민과 유족들의 상처에 소금을 뿌리는 짓이다.

구억국민학교 옛터

제주도 인구 28만 명이던 당시 3만여 명이 희생당한 한국 현대사 최대의 비극 4·3. 그 4·3은 발발한 직후에 평화적으로 마무리될 수도 있었다. 당시 서귀포시 대정읍 구억리 구억국민학교 옛터에서 국방 경비대 제9연대 김익렬金益烈 연대장과 무장대 사령관 김달삼金達三 사이에 역사적인 '4·28 평화 협상'이 열렸던 것이다(그러나 김익렬 해임 직후 『국제신문』에 기고한 글에서 협상을 "어느 민가"에서 열었다고 기록한 자료가 최근에 발굴됐다). 20대의 두 청년이 목숨을 걸고 벌인 담판에서 양쪽은 "72시간 내 전투 중지, 무장해제와 하산이 이루어지면 책임을 묻지 않는다"는 데 합의했다. 그러나 이 평화 협상은 무력 진압을 결정한 미 군정 사령관 하지John Hodge에 의해 곧바로 무시되고 말았다.

평화 협상이 파기되었음을 보여주는 결정적인 사건이 협상 사흘 뒤인 5월 1일 발생했다. '오라리 방화 사건'이 그것이었다. 우익 청년 등에 의해 저질러진 방화는 미 군정과 경찰에 의해 "폭도들이 저지른 행위"로 조작됐고, 미군은 불타는

'4·28 평화 협상'의 현장으로 알려진 구억국민학교 옛터.

마을을 상공에서 촬영해 「제주도의 메이데이May Day on Cheju-do」라는 영상을 제작하기도 했다. 이것이 이제는 4·3 평화기념관에서 볼 수 있는 그 기록물이다.

사태는 긴박하게 전개됐다. 5월 5일 제주에서 미 군정 수뇌부가 참석한 대책 회의가 열렸다. 이 회의에서 강경 진압을 주장한 경무부장 조병옥趙炳玉과 선무 귀순 공작을 역설한 김익렬 연대장은 몸싸움을 벌였다. 김익렬은 문책 해임되고 다음 날 박진경朴珍景 중령으로 연대장이 교체됐다. 제주 도민에 대한 무자비한 학살이 시작되었다.

무등이왓

4·3 당시 토벌대의 초토화작전으로 사람도, 가축도, 집마저 불살라져 사라져버린 마을, 서귀포시 안덕면 동광리 '무등이왓'. 어린아이가 춤을 추는 모양이라고 해서 '무동舞童이왓'으로 불리기도 하던 평화롭기 그지없었을 마을은 4·3 당시 130가구가 살

았으리라고는 짐작조차 하기 어려운 모양으로 남아 있었다. 대나무가 많아 탕건(조선 시대 벼슬아치들이 갓 아래 받쳐 쓰던 관), 망건, 양태(갓의 밑 둘레 밖으로 둥글넓적하게 된 부분), 차롱(음식을 보관하는 대바구니) 등 제주의 대표적인 수공예품 주산지였던 이곳에는 아직도 곳곳에 대숲이 우거져 있다.

야트막한 돌담 안으로 볕이 잘 드는 지점에는 초가집이 있었을 것이다. 집 뒤로 돌담을 따라 빙 둘러 서 있는 대숲에서는 바람에 사각거리는 소리가 그치지 않았을 것이다. 좁지 않은 텃밭에는 각종 채소가 싱그럽게 돋아나 있었을 것이다. 돌담이 끊겨 있어 사람들이 출입했으리라 여겨지는 곳에는 정낭이 걸쳐져 있었을 것이다. 하지만 마을의 흔적은 어디서도 찾을 수 없다.

이곳 '무등이왓'은 1862년에 발생한 농민 항쟁의 장두 강제검姜悌儉의 고향이기도 하다. 대한민국 건국의 희생 제물로 내던져지기 전에도 제주 땅에는 불법적이고 무도하며 포악한 권력에 맞서 '창의倡義'의 깃발을 날리던 저항의 역사가 있었다. 조선 말기의 '민란'이다. '강제검의 난', '방성칠房星七의 난', '이재수李在守의 난'. 이 민란들은 조세 수탈에 저항한 것들이었고 유독 대정 지역에 집중됐다. 이 지역의 기운이 심상치 않음인가, 이곳 사람들은 이른바 '대정 몽생이(망아지)'라 불리는데, 이는 순치되지 않는, 야생마 같은 기백을 두고 붙여진 것이리라.

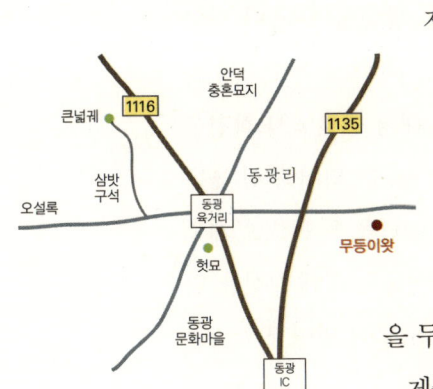

제주도 내 중산간 지역에서는 18세기 이후

돌담만 남아 있는 무등이왓.

화전을 몰래 일구어 경작하는 사례가 많았다. 관아에서는 불법적이던 화전 경작에 화전세를 붙이고 목장에서도 세금을 거두면서, 지방관아 재정을 충당하기 시작했다. 19세기 들어 세금은 수탈의 도구가 되었다. 과도한 화전세와 목장전은 마침내 민란을 불렀다. '강제검의 난'은 그 시작에 불과했다.

1898년에는 역시 조세 수탈에 저항한 '방성칠의 난'이 일어났다. 방성칠은 갑오농민전쟁 이후 관군을 피해 제주에 숨어 들어와 살던 이들 중 한 사람이었다. 그는 대정 지역에서 화전을 일구면서 살았는데, 수탈을 견디다 못해 장두가 되어 원성 높은 이 일대 화전민과 가난한 농민들을 이끌고 난을 일으켰고, 제주성을 점령하기에 이르렀다. 제주 목사는 이들을 피해 부상을 입은 채 달아나기도 했다. '방성칠의 난'은 한 달여 만에 진압되었으며, 방성칠은 사로잡혀 처형당했다.

대정성과 이재수 생가

1901년에 일어난 '이재수의 난'은 복잡한 성격을 띠고 있다. 그 배경에는 역시 조세 문제가 있었다. 고종이 근대적 개혁이란 명목으로 지방의 재정을 전부 중앙 재정에 편입해 일원화했다. 그동안 지방의 수령과 향리 등이 징수하던 세금을 왕실에서 봉세관捧稅官을 파견해 직접 거두어들인 것이다. 제주도에 파견된 봉세관 강봉헌姜鳳憲은 전권을 행사하면서 다른 지역의 세 배에 해당하는 과중한 세금을 매겼다. 세금 징수 업무를 장악한 봉세관의 지위는 실질적으로 제주 목사보다 우위에 있었다.

한편 1886년 조선-프랑스 수호조약과 1896년 교민조약敎民條約이 체결되어 천주교는 선교의 자유를 얻게 됐다. 거기다 조정에서는 외국인 신부들을 특별히 우대하고 보호하라는 명령을 내렸다. 프랑스 신부들은 치외법권적인 특권을 누리면서 포교 활동을 벌였고, 이러다 보니 천주교인에 대한 특혜를 이용할 목

이재수 생가 터 앞의 '드레물'. 대정에 하나밖에 없던 '드레물'은 명관이 추대되면 물이 말랐다가도 솟아나고 탐관오리가 추대되면 물이 말라버렸다고 한다.

적으로 교인이 되는 불량배도 많아졌다. 이런 불량한 천주교인들을 봉세관 강봉헌이 세금을 걷는 마름으로 채용했다. 이들은 가축, 나무, 계란에까지 세금을 매겼다. 민중의 분노는 극에 이르렀다.

도민들은 민회를 열고 제주성으로 찾아가 봉세관의 지나친 세금 징수와 천주교인들의 행패를 시정해달라고 제주 목사와 봉세관에게 호소하기로 결의했다. 그러나 프랑스 신부와 교인들은 이 민회를 천주교를 박해하기 위한 반란으로 규정하고, 민회가 열리는 장소를 습격했다. 천주교인들의 발포로 사상자가 발생하자, 도민들의 온건한 평화적 항의는 무력 투쟁으로 급선회했다.

민군民軍은 제주도 동쪽과 서쪽에서 제주성을 향해 동진과 서진으로 나뉘어 진격했다. 대정 관아의 말단 관리였던 이재수는 대정 군수 채구석蔡龜錫(1850~1920)을 수행하던 중에 천주교 교

1901년 '이재수의 난' 수습 장면. 장소는 관덕정 앞 공터로 추정된다.
(『제주 100년』 수록)

당에서 의문의 죽음을 당한 사체 검안 과정을 목격한다. 이를 계기로 민란에 소극적으로 참여하다가 서진을 이끌던 오대현吳大鉉이 붙잡히자 서진의 장두로 나섰다.

강우백姜遇伯이 이끄는 동진과 이재수의 서진은 제주성 남문 밖 황사평에 진을 치고 프랑스 신부가 지휘하는 제주 성내의 무장 교인들과 대치했다. 공방은 10여 일 동안 지속됐고, 식량과 땔감이 떨어진 제주성 주민들의 봉기로 성문이 열리자 민군은 제주성으로 진입해 천주교인 309명을 처형했다. 프랑스 함대와 중앙정부의 군대가 파견돼 민란은 진압되고 세 명의 장두 이재수, 강우백, 오대현은 서울로 압송돼 교수형을 당했다. 제주도 3개 군의 도민들은 프랑스 공사가 교회의 피해 배상금으로 요구한 6300여 원을 부담해야 했다. 그리고 제주목에서는 사망한 천주교인들의 매장을 위해 황사평에 1만 8천여 평의 땅을 제공

대정청년회에서 대정성 앞에 세운 '삼의사비'. 30여 년 전 이곳 유지들이 세웠던 비는 새 비석 아래 묻혔다.

했다. 이곳은 지금 공원묘지로 꾸며져 천주교 공동묘지로 이용되고 있다.

이재수는 제주성을 함락한 뒤 "서양 사람을 쳐 없애고 제주성을 회복했다"고 말했고, 최후진술에서는 "우리가 죽인 것은 역적이지 양민이 아니다"는 말로 항쟁의 정당성을 주장했다. 하급 관리이던 그가 민란의 장두로 죽음의 길을 자청해 나선 데 대해 도민들은 그를 영웅으로 칭송했다. 이재수의 난이 일어난 지 60주년이 되던 1961년 대정 지역 유지들은 민란의 장두 세 사람을 기리는 비석 '삼의사비三義士碑'를 세웠다.

그러나 천주교 측에서는 '이재수의 난'을 '신축교난申丑敎難'으로 부르며 천주교인들이 순교당한 것으로 이해했다. 천주교 측에서 이 사건의 진실에 가까이 다가서는 데는 다시 한참의 세월이 지나야 했다. 한 세기가 지난 2003년 천주교 쪽에서는 "과거 교회가 서구 제국주의 열강의 동양 강점을 위한 치열한 각축의 시기에 선교를 수행하는 과정에서 제주 민중의 저항을 불러일으켰던 과거의 잘못을 사과"했다. 그리고 '1901년 제주 항쟁 기념 사업회'에서는 "봉건 왕조의 압제와 외세의 침탈에 맞서 분연히 항쟁하는 과정에서 많은 천주교인과 무고한 인명 살상의 비극을 초래한 데 대하여 사과"했다.

'화해와 상생'. 비극적 역사를 딛고 다시 미래로 나아가자는 의지를 표현할 때 흔히 쓰이는 대표적인 언사다. 그러나 진정한 화해와 상생은 이렇듯 과거의 잘못에 대한 '사과'에서 출발하는 것이다.

02
빗창의 항쟁,
잠녀의 숨비 소리

"우리들의 요구에 칼로써 대응하면 우리는 죽음으로써 대응한다!"

지금으로부터 80년 전인 1932년 1월 12일, 구좌면(현 구좌읍) 세화리에서 잠녀(해녀는 일본식 표현이다)들의 함성이 터져 나왔다. 신임 순시 차 세화리를 지나가던 제주 도사島司 겸 제주도 해녀어업조합장인 다구치田口禎熹 일행에게 제주 동부 지역인 구좌면 하도리, 종달리, 세화리, 연평리(우

일제강점기에
오조리 잠녀 10명을
표본 추출하여
찍은 사진.
(국립중앙박물관 소장)

도), 정의면(현 성산읍) 시흥리, 오조리 잠녀 1천여 명이 호미와 빗창(전복을 따는 도구)을 들고 만세를 외치며 시위를 벌였다.

잠녀들은 세화리 연두막 동산에 집결하여 세화 오일장으로 행진한 뒤 집회를 열고, 각 리의 잠녀 대표들의 연설에 이어 도사에게 요구 조건을 제시했다. 도사는 잠녀들의 시위에 굴복해 5일 이내에 요구 조건을 해결하겠다고 약속했다. 그러나 일제 경찰은 목포에 있는 응원 경찰까지 파견하면서 구좌면과 정의면 일대에서 관련자들의 검거에 나섰다. 잠녀들은 검거에 나선 경찰에 맞서 호송차를 습격하기도 했고, 우도에서는 청년들을 검거하려는 경찰의 배를 둘러싸고 저지 투쟁을 벌이기도 했다.

1931년 6월 하도리 잠녀들이 자신들을 착취하는 해녀 조합을 상대로 투쟁을 결의한 이래 이듬해 3월까지 계속된 항일 투쟁에는 연인원 1만 7천여 명이 참여했고, 크고 작은 집회와 시위가 238회에 이르는 등 대규모 항일 운동이 펼쳐졌다. 이 투쟁

잠녀 투쟁 주역들이 다녔던 하도 강습소 제1회 졸업 기념사진. 뒷줄 가운데가 부춘화, 가운뎃줄 두 번째, 네 번째가 각각 김옥련, 부덕량이며, 앞줄 왼쪽부터 교사였던 문무현, 부대현, 김남석, 강 아무개, 김태윤이다. (해녀박물관 소장)

  이후 잠녀들의 요구 사항은 대부분 받아들여졌고, 해녀 조합 외에 각종 관제 조합이 폐지되거나 횡포가 줄어들었다.
  이 사건은 잠녀들의 생존권을 지키기 위한 투쟁이 아니라 일제의 식민지 수탈 정책에 적극적으로 저항했던 항일 민족해방 운동으로 평가받고 있다. 이는 이 운동을 주도했던 부춘화, 김옥련, 부덕량 등 잠녀 지도부가 하도 강습소(하도 보통학교 야간부) 제1회 졸업생으로 문무현, 김태윤, 부대현 등 청년 지식인 교사들로부터 민족 교육을 받았던 데서도 드러난다. 이들은 『농민독본』, 『노동독본』 등의 계몽서를 배우고 한글과 한문뿐만 아니라 저울 눈금 읽는 법까지 교육받았다.
  이 투쟁으로 1백여 명의 잠녀와 청년들이 붙잡혔다. 잠녀 투쟁의 주역 3인방은 6개월간 구금됐다 풀려났으나, 청년 30여 명은 조선공산당 재건 운동을 조직한 혐의로 투옥됐다. 1930년대 중반 이후 가혹한 일제의 탄압으로 전국의 항일 운동 세력이 국외로 망명하거나 지하로 잠적했던 것과 마찬가지로, 제주에서는 항일 운동을 하던 청년들이 잠녀 투쟁을 계기로 대거 검거돼 결과적으로는 항일 운동의 맥이 끊기기도 했다.

　빗창을 들고 일어선 잠녀들의 항일 투쟁은 이전 제주 잠녀들이 겪은 수난에 그 뿌리를 두고 있다. 조선 시대 잠녀들은 미역을 따 정기적으로 진상하거나 관아에 바쳐야 했다. 원래 전복 채취는 남자인 '포작鮑作(보재기)'의 몫이었다. 그러나 이들은 진상해야 하는 전복의 양이 너무 많아 이를 견디지 못하고 섬을 떠나 도망가기에 이르렀다. 오죽하면 출륙出陸 금지령을 다 내렸을까.
　조선 후기에 이르면서 포작의 수가 절대적으로 줄어들게 되자, 전복 진상 의무는 잠녀들에게 넘어왔다. 이뿐 아니라 남자들이 맡고 있던 군역軍役까지 여자들에게 안겨졌다. 제주에 어사로 왔던 청음淸陰 김상헌金尙憲(1570~1652)은 "만약 사변을 만나 성을 지키게 되면 민가의 튼튼한 여자를 골라 살받이터 어구에

바위에 붙어 있는
전복을 딸 때
사용하는 빗창.
(해녀박물관 전시)

세웠다"고 기록하고 있다. 제주의 여성들이 겪어야 했던 착취는 도를 넘어서고 있었다.

갑오개혁을 거치면서 잠녀들은 비로소 진상이나 공물의 고역에서 벗어날 수 있었다. 관에서 전복과 미역을 사들이는 방식으로 바뀐 것이다. 그러나 1876년 개항 이후 일본 어민들이 제주 바다로 진출하게 되자 제주 어장이 황폐해져갔다. 생존권을 위협받게 되자 다른 지역으로 나가는 잠녀들의 '출가'가 시작됐다. 1887년 부산의 영도로 간 것이 출가의 시초였다.

일제강점기에는 한반도 남부 지역뿐만 아니라 북부 지역과 일본, 중국의 다롄과 칭다오, 러시아의 블라디보스톡까지 진출하게 된다. 출가 잠녀 수도 1910년대 2500여 명이던 것이 1930년대에는 4천여 명에 이르렀다. 잠녀들은 4월이 오면 출가해 9월까지 일을 하고 추석이 되면 고향으로 돌아와 겨울을 난 뒤 이듬해 봄 다시 나갔다.

출가 잠녀들의 생활은 비참했다. 이들은 그 지방 어민들과의 분쟁에 시달렸다. 잠녀들은 채취물을 객주에게 팔았는데, 채취량과 가격을 속이는 일이 허다했다. 일본 상인들은 객주들에게 자금을 대면서 그들과 결탁해 헐값에 채취물을 사들여 일본인 회사에 넘겼다.

잠녀들의 비참한 생활상을 알게 된 조천 면장 김태호金泰鎬 등 제주의 유지들은 잠녀들을 보호하기 위해 1920년 제주도 해녀어업조합을 창립했다. 제주도 전역에서 조합원 8200여 명이 가입한 이 조합은 잠녀들의 권익을 보호하기 위한 다양한 노력을 기울였다.

현역 제주 잠녀 중 최고령인 울릉도의 김화순 잠녀. 올해 92살인 김 할머니는 한림읍 귀덕리 출신이다. (해녀박물관 전시 영상)

 그러나 몇 년 뒤 일본인 제주 도사島司가 조합장을 겸임하면서, 몇몇 상인과 결탁해 잠녀들의 자유 판매를 금지하고 지정가격을 매기는 방법으로 잠녀들을 수탈했다. 잠녀들의 고조되는 불만은 해녀 조합에 대한 반발로 이어졌고, 결국 1932년 잠녀 투쟁이 일어나게 된 것이다.

 잠녀 또는 해녀는 전 세계에서 우리나라와 일본밖에 없는 직업이다. 우리나라 잠녀들은 모두 제주에서 출가한 뒤 그 지역에 정착하면서 전국으로 퍼져 나가게 됐다. 제주도에서는 예로부터 동부 지역에 잠녀가 많았다. 제주 동부는 땅이 척박해 농사를 짓기에는 적당하지 않았으나, 해조류는 질도 좋고 풍성했다. 해조류를 먹고 사는 전복과 소라도 풍부했으니, 이 지역이 잠녀들의 고향이 된 것은 당연한 일이었다.
 특히 감태는 일제강점기 화장품과 화약의 원료가 되기도 하

연두막 동산의 기념탑에는 투쟁의 주역인 3인방의 조각이 서 있고, 기념탑 오른쪽에는 배후 인물로 검거된 우도 출신 항일운동가 강관순(康寬順, 1909~42)이 감옥에서 작사한 '해녀 노래'비가 서 있다. 노래비 뒤로 해녀박물관이 보인다.

고 양갱을 만드는 데도 필요해 비싼 값에 팔리던 해조류였다. 우도에서는 바람이 불고 난 다음 날이면 감태가 바닷가에 널려 있을 정도로 풍성했고, 우뭇가사리도 질이 좋았다고 한다. 지금도 구좌와 성산 지역에는 잠녀들이 많다.

왕조 시대 제주는 자신이 가진 천혜의 가치만큼이나 극심하게 수탈당해야 했다. 민족 수난기에 약자인 여성들이 겪은 어려움은 남성보다 훨씬 컸다. 그러나 수난은 제주 여성들을 강인하게 단련시켰다. 섬을 떠나 달아났던 남성들과 달리 고난을 온몸으로 받아 안으며 섬을 지켰다. 그리고 마침내 제주 특유의 공동체 정서를 바탕으로 청년 사회운동 세력과 결합하면서 역사에 빛나는 항일 투쟁에 나설 수 있었다. 박찬식 박사의 말마따나, "제주 여성의 기질은 원래 강인한 게 아니라 수난의 역사 속에서 길러진 것"이었다.

03

해방과 4·3,
그 비극의 현장

큰넓궤와 헛묘

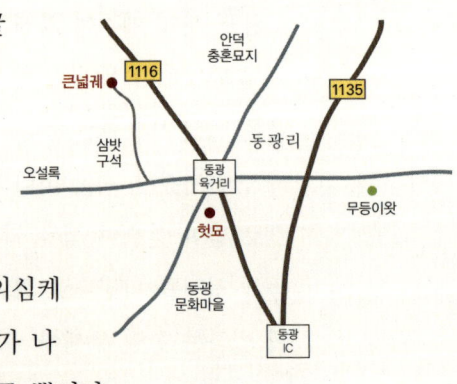

빛 한 점 새 들어오지 않는 동굴 속 칠흑 같은 어둠. 눈을 감았다 떠본다. 눈을 감는 것과 뜨는 것에 아무런 차이가 없다. 그 어떤 것도 존재하지 않는 공간처럼 느껴진다. 어둠은 나의 존재 자체를 의심케 한다. 이따금 떨어지는 물방울 소리가 나의 청각이 작동하고 있음을 확인해줄 뿐이다. 손을 더듬거려 옆 사람의 존재를 확인한다. 4·3 당시 안덕면 동광리 '큰넓궤'에 숨어 있던 120명 주민들은 동굴 속 어둠에서

큰넓궤 입구.
허리를 굽혀야
들어갈 수 있을 정도로
입구가 좁다.

죽음의 공포를 달랠 수 있었을까.

　1948년 11월 15일, 안덕면 동광리에서는 군인들이 마을을 포위하고 주민들을 불러 모았다. 마을 유지 10명을 총으로 쏘아 죽였다. 사흘 뒤 마을은 불태워졌다. 중산간 마을에 대한 초토화작전이 시작되었던 것이다. 목숨을 부지할 길이 어디인지 알 수 없었다. 해안 마을로 내려가는 것은 죽음을 자초하는 일이었다. 일단 군인들이 없는 산으로 들어가 숨는 길밖에 없었다.

　'어린아이가 춤추는 모양'을 하고 있다는 데서 유래한 '무등이왓', 삼을 재배하던 '삼밧구석' 등 안덕면 동광리의 자연마을 사람들은 마을 목장 안에 있는 용암 동굴 큰넓궤에 숨어들었다. 한 사람이 겨우 기어서 들어갈 수 있을 만큼 좁은 동굴은 입구 주변이 나무와 덤불로 덮여 있었다. 주민들 사이에 큰넓궤가 숨을 만하다고 알려지면서 알음알음으로 찾아온 사람들이 120명이나 됐다.

　굴 입구를 기어 들어가면 넉넉히 일어설 수 있을 만큼 동굴 천장이 높아진다. 5미터쯤 안쪽에 절벽이 나타난다. 4미터 높이

절벽을 내려오면 넓은 공간이 나온다. 손전등을 들고 있는 사람은 이날 안내를 맡은 4·3 추가진상조사단 김은희 연구원이다.

의 절벽을 내려가는 일은 쉽지 않다. 발 디딜 곳을 찾으려면 아래에서 적어도 두 사람이 도와줘야 한다. 우리는 가져간 사다리를 이용해 아래로 내려갔다. 절벽 아래에는 날카로운 용암석들이 무더기 지어 있는 넓은 공간이 나온다.

이곳에 피해 있던 주민들은 나름대로 내부 수칙을 정해 질서 있게 피난 생활을 했다. 절벽 아래 제법 넓은 공간의 양쪽 벽 아래에는 깨진 항아리 조각들이 널려 있었다. 간장, 된장, 식수 등을 담았던 항아리들을 이곳에 놓아두었다고 한다. 이 공간의 한쪽 구석 외진 곳은 화장실로 사용됐다. 공간 안쪽에는 1미터 높이의 돌담을 쌓아놓았다. 방호벽이다. 이 방호벽을 지나야 깊은 굴 안으로 들어갈 수 있다.

사람들이 모여 잠을 자거나 피신하던 공간은 굴의 깊은 안쪽에 있다. 바위 천장이 낮아 30여 미터를 기어가야 한다. 바닥과 천장 사이가 1미터 정도 되는 곳은 장갑 낀 손으로 바닥을 짚고

다리를 편 채 기어갈 수 있었지만, 낮은 곳은 높이가 50~60센티미터에 불과해 낮은 포복을 해야 했다.

힘들게 기어가는 동안 동굴 천장이 조금만 내려앉아도 그대로 깔리거나 갇힐 수 있다는 생각이 얼핏 들기도 했다. 날카로운 바닥에 무릎이 닿지 않게 하려면 손바닥과 발끝으로 기어가야 했다. 몇 미터 가지 못해 무릎으로 기기 시작했다. 숨이 턱에 차올랐다. 중간 지점에서 한참이나 숨을 돌리고서야 넓은 공간으로 빠져나갈 수 있었다.

굴 안쪽에는 폭과 길이가 10~30미터쯤 되는 넓은 공간이 있었다. 큰 굴곡이나 경사는 없었지만 날카로운 용암석이 울퉁불퉁하게 바닥을 이루고 있어서, 두꺼운 이불을 깔았다고 하더라도 반듯이 드러누울 수는 없는 곳이었다. 바닥 형태에 몸을 맞춰 웅크린 자세로밖에는 견딜 수 없었을 것 같다. 굴 안에는 오른쪽으로 1.5미터 높이의 또 다른 굴이 뚫려 있어, 2층 구조를

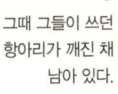
그때 그들이 쓰던 항아리가 깨진 채 남아 있다.

깊은 안쪽으로 들어가려면 바짝 엎드려 길 수밖에 없다.

하고 있었다. 당시 큰넓궤에 먼저 들어온 주민들은 1층에, 나중에 들어온 사람은 2층에 자리를 잡았다고 한다.

주민들은 200여 미터 떨어진 도너리 오름에 보초를 세워 군인들의 움직임을 확인하고, 물을 길어오거나 식량을 준비하는 등의 역할을 분담했다. 그렇게 120명이 이곳에서 50일을 지낼 수 있었다. 그러나 가을철 수확도, 소, 닭, 돼지 등 기르던 가축도 포기한 채 오로지 산목숨 지키는 것만이 목적이던 주민들에게 큰넓궤는 더 이상 피난처가 되지 못했다.

굴에서 나와 마을로 내려갔던 사람이 토벌대에게 붙잡히면서 큰넓궤의 위치가 알려지고 만 것이다. 토벌대의 앞장을 서서 큰넓궤로 향하던 이 사람이 토벌대를 따돌리고 달아나 굴 안으로 들어왔다. 주민들은 굴 안에서 이불을 모아 고춧가루와 함께 불을 지폈다. 굴 밖으로 매운 연기가 나가자, 굴 가까이 접근하지 못한 토벌대는 총만 난사하다 날이 어두워지자 철수했다. 지혜

2층에 해당하는 굴의 모습.

와 용기로 죽음을 모면한 주민들은 날이 밝기 전 굴을 빠져나와 더 깊은 산으로 들어갔다.

그러나 뿔뿔이 흩어져 눈 덮인 한라산을 헤매던 주민들은 하나둘씩 토벌대에게 붙잡혔다. 영실 근처의 볼레 오름에 숨어 있던 주민들은 이듬해 1월께 대부분 토벌대에게 사로잡혔다. 동광리 주민들은 산으로 피했던 다른 마을 주민들과 함께 서귀포의 단추 공장 건물에 갇혀 있다가 정방 폭포 위에서 집단 학살을 당했다.

4·3이 끝난 뒤 천행으로 살아남은 유족들은 시신이라도 수습하려고 수소문 끝에 학살 현장을 찾았으나, 시신을 찾을 수 없었다. 시신들이 바다로 떠내려가기도 했고, 정방 폭포 위 학살터에는 5평 넓이의 구덩이에 유골들이 뒤엉켜 있어 수습할 방법이 없었다. 유족들은 죽은 이들의 혼을 불러 헛봉분을 쌓고 묘를 만들었다. 동광육거리 근처 밭에 있는 '헛묘'는 임문숙 씨

시신마저 수습하지 못하자 혼을 불러다 안장한 헛묘.

가 어머니와 아내, 사촌 형 부부, 제수 등 아홉 명의 묘를 조성한 것이다.

해방과 함께 자주 독립국가 건설을 위한 '건국준비위원회'(건준)가 전국적으로 조직되자, 제주에서는 해방 직후인 1945년 9월 6일 대정면을 시작으로 제주도 전역에 건준이 결성됐다. 이후 건준이 인민위원회로 개편돼 각 면과 마을 행정을 주도했다. 미 군정에 의해 행정이 실시됐지만, 인민위원장이 마을 이장이 됐고 마을 향사는 인민위원회 사무실로 사용됐다.

인민위원회 간부는 대개 항일운동으로 옥고를 치른 사람들이 맡았다. 제주도의 항일 운동은 사회주의 성향이 두드러져 인민위원회는 좌익 성향의 인물들이 주도했지만, 일제강점기 면장을 지낸 이들도 간부로 포용하는 등 좌우합작적 성격을 띠고 있었다. 자치적으로 마을마다 초등학교, 면 단위로는 중등학교 설립 운동이 전개돼, 해방 이후 2년 동안 초등 44개교, 중등 10개교가 신설됐다.

제주도에 조선경비대 9연대가 창설되고 경찰 병력이 증강되는 등 미 군정이 물리력을 갖추면서, 1946년 말부터 인민위원회에 탄압이 가해지기 시작했다. 여기에 더해 일본 등 외지에 나가 있던 6만여 명의 귀환, 귀환 인구의 실직난, 생필품 부족, 콜레라로 인한 수백 명의 희생, 일제 경찰의 미 군정 경찰로의 변신, 군정 관리의 모리 행위 등이 사회문제로 부각됐다.

이런 분위기 속에 1947년 3·1절 발포 사건이 일어나고, 이에 항의하는 민관 합동 총파업이 벌어졌다. 미 군정은 경찰 발포보다 남로당의 선동에 비중을 둔 강경 정책으로 전환해 박경훈朴景勳 도지사를 비롯한 군정 수뇌부를 전원 외지인으로 교체하고, 육지 응원 경찰과 서북청년회(서청) 단원들을 동원해 파업 주모자 검거 작전을 폈다. 1년 동안 2500여 명이 구금되고 테러와 고문이 잇달아, 1948년 3월에는 세 건의 고문치사 사건이 발생했다.

조직 노출로 위기 상황을 맞은 남로당 제주도당은 군정 당국에 등을 돌린 민심을 이용해 조직을 추스리는 한편, 단독선거와 단독정부를 반대하는 무장 투쟁을 결정했다. 1948년 4월 3일 새벽, 무장대가 도내 11개 경찰 지서를 습격하는 것으로 시작된 4·3은 한국 현대사 최대의 비극으로 전개됐다.

큰넓궤와 헛묘는 4·3 당시 국가 공권력이 무고한 양민들에게 저지른 잔혹한 범죄행위를 상징적으로 보여주고 있었다. 죽음

● 동광리 내창의 돌다리.

의 공포와 극한상황 속에서도 질서정연하게 유지된 동광리 주민들의 공동체 생활, 총탄에 맞서 잠시나마 저항했던 주민들의 지혜와 용기, 그러나 끝내 죽음에 이를 수밖에 없었던 혹한기의 피신, 가족의 시신마저 찾지 못한 유족들의 한이 무겁게 다가온다.

그 비극의 현장 가까이의 동광리 내창에는 돔 형식으로 만들어진 천연 돌다리가 있다. 폭 2미터, 길이 20미터쯤 되는 이 다리는 바위들이 서로 엇갈리면서 묘하게 공중에 떠 있다. 긴 세월을 버텨온 돌다리는 역사의 굴곡을 이겨내고 살아온 제주 사람들의 끈기처럼 여전히 그렇게 서 있다. 무거웠던 마음은 돌다리에서 만난 찬란한 봄 햇살과 함께 어느새 한결 가벼워져 있었다.

04

전쟁요새가 된 제주도

알뜨르 비행장과 동굴 진지

제주도는 거대한 요새였다. 제주도를 빙 둘러 곳곳에 진지가 설치됐고, 박격포와 속사포 등을 갖춘 포병, 보병, 공병 등 각종 군부대가 배치됐다. 1945년 8월 현재 인구 23만이던 제주도에 7만 5천여 명의 일본군 병력이 들어와 주둔했다. 제2차 세계대전의 패전을 눈앞에 둔 일본이 일본 본토를 방어하기 위해 제주도를 방어 기지로 삼고 최후의 결사 항전을 벌일 태세를 갖추어 놓은 것이다.

연합군의 일본 본토 공격을 방어하기 위한 작전은 암호명 '결호決號 작전'으로, 홋카이도(결1호 작전), 동북(결2호 작전), 관동(결3호 작전), 동해(결4호 작전), 중부(결5호 작전), 규슈(결6호 작

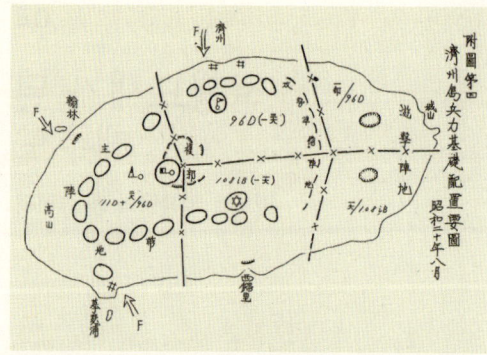

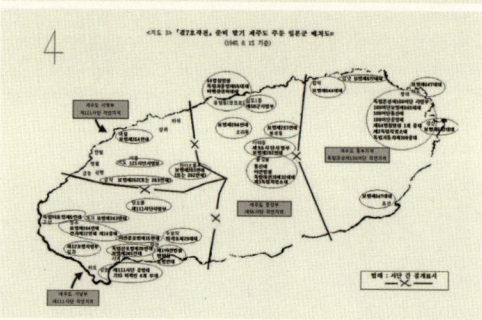

전후 일본이 미국에 제공한 일제의 병력과 진지 배치도(위) 및 부대 배치도(아래). (그림 강순원 제공)

전)와 함께 제주도는 결7호 작전의 무대가 됐다. 오키나와 함락 이후 미군의 주된 상륙 지점은 규슈 지방이 될 테고, 이때 미군의 제주도 공략은 필연적인 것으로 판단됐다. 제주도가 최전선이 된 것이다.

제주도는 지리적으로 일본 남단의 규슈 지방과 중국 남부를 연결하는 직선상에 위치하면서, 지정학적으로 한·중·일 세 나라의 군사전략적 요충지다. 결정적 패전의 위기에 몰린 일본이 전쟁 수행을 위한 물자를 확보하고 미군의 공격으로부터 일본 본토를 방어하기 위해서는 제주도를 확보하는 것이 절대적으로 필요하다고 판단한 것이다.

일본의 방위 총사령관은 1945년 2월 각 방면군 사령관에게 결호 작전을 명령하게 되고, 결7호 작전을 위해 제주에는 4월부터 일본군 병력이 들어오기 시작했다. 일본군에게 필요한 것은 바다와 공중으로부터 들어오는 미군에 대항할 화력이었다.

알뜨르 비행장

일본은 이에 앞서 이미 중일전쟁이 시작되기 직전인 1931년부터 제주도를 중국 본토 공격을 위한 기지로 삼았다. 일본 해군에 의해 건설된 알뜨르 비행장은 중일전쟁이 전면전으로 확대되면서 중국 난징 등지를 폭격하기 위한 기지로 이용됐다. 일본은 제주에 모두 4개의 비행장을 도민들을 동원해 건설했다. 서귀포시 대정읍 상모리 일대의 알뜨르 비행장 말고도 현재 제주 국제공항이 들어선 정뜨르에 육군 서西비행장, 조천읍 신촌리 진드르에 육군 동東비행장, 현재 정석 비행장이 있는 교래에 가미가제 특공을 위한 육군 비행장이 만들어졌다.

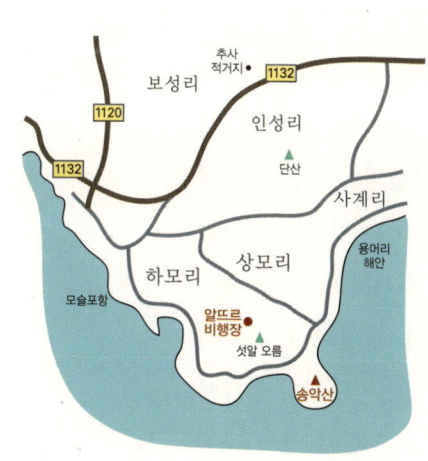

초기 20만 평 규모의 알뜨르 비행장은 세 차례에 걸친 확장 공사로 67만 평으로 늘어났고, 결7호 작전이 본격적으로 준비되면서 다양한 군사시설이 들어섰다. 격납고, 지하 벙커, 고사포 진지, 알오름 거대 지하호, 탄약고, 모슬봉 레이더 기지, 발전 시설 등

알뜨르 비행장의 격납고와 원형 진지.

이 그것이다. 알뜨르 비행장 활주로에는 잔디를 깔았다.

알뜨르 비행장에는 1937년 난징을 폭격하는 오무라 해군 항공대가 주둔하고 있다가, 미군 비행기의 일본 본토 공습이 활발해지자 1944년 8월부터는 비행 56전대가 들어와 B29에 대한 해상 요격전에 참가했다. 11월에는 해군 항공대가 추가 배치됐다. 육군은 제주도 주둔군 가운데 최정예인 111사단을 중심으로 포병대 등을 배치했다. 해군은 알뜨르 비행장을 중심으로 한 대공방어와 송악산 해안 특공 시설을 통한 해상 자살 공격 등을 준비하고 있었다.

비행장 중심부에는 지하 벙커를 설치했다. 남북 방향으로 길이 30미터, 폭 20미터 규모의 반지하로 만들어진 철근 콘크리트 구조물인 이 지하 벙커는 비행대를 지휘하는 지휘소 기능을 했으리라 추정된다. 현재도 원형이 그대로 유지되어 있다.

일본 해군은 알뜨르 비행장 근처의 알오름 정상에 고사포 진지를 구축하고, 네 개의 고사포를 배치해 미군 비행기의 공습에 대비한 대공방어에 나섰다. 미군 기록에 당시 "제주도에서 자동

알오름의 동굴 진지. 최근 낙석을 막기 위한 안전장치를 설치했다.

대공화기 공격이 있었다"는 내용이 있는 것으로 보아, 이 고사포 진지를 실제 사용한 것으로 보인다.

정상에 고사포 진지가 설치된 알오름 지하에는 트럭들이 드나들 수 있을 규모로 지하호를 팠다. 높이 3미터, 너비 4미터의 이 지하호는 제주도 내 동굴 진지 가운데 동공이 가장 크다. 지네 발 모양으로 설계돼 있고, 전투 사령실, 탄약고, 연료 저장고, 비행기 수리 공장, 어뢰 저장고, 통신실 등 중요 군사시설을 지하에 감출 목적으로 사용됐다.

송악산 일본군 진지

알뜨르 비행장에서 3킬로미터쯤 떨어진 송악산 해안에는 상륙해 들어오는 미군 함정 등에 어뢰를 장착한 소형 나무 보트를

● 위
송악산 해안의 자살 공격 기지.

● 아래
송악산 중턱의 동굴 진지.

타고 자살 공격을 감행하기 위한 해군 특공 기지를 만들었다. 진지 동굴의 형태가 일자형, H자형, ㄷ자형 등이며, 길이도 5~40미터로 다양하다. 송악산 해안에 16개, 절벽 위쪽에 1개가 있다. 일본 해군 1개 부대가 배치될 예정이었으나, 패전으로 실제 배치되지는 않았으리라 추정된다.

송악산 북쪽 사면에는 총길이 1킬로미터가 넘는 동굴 진지가 있다. 마라도행 유람선 선착장에서 송악산 정상으로 오르는 중턱에 있는 이 진지는 22개의 입구가 하나로 이어진다. 한 사람이 통행할 수 있는 크기로, 중간중간 무너진 부분도 있다고 한다. 용도가 정확하게 확인되지는 않고 있으나, 일본 해군의 경비대와 육군 보병대가 주둔했던 것으로 미루어 알뜨르 비행장 경비나 상륙 미군에 대한 방어를 위한 최전선의 거점으로 추정된다.

가마 오름 동굴 진지와 평화박물관

송이로 가득한 가마 오름의 지하에도 미로처럼 구불구불 이어진 일본군 진지가 자리하고 있다. 바로 가마 오름 동굴 진지다. 이 진지도 역시 결7호 작전을 수행하기 위해 만들어졌으며, 총길이 2킬로미터에 3층으로 구성돼 있고, 바깥으로 연결된 입구만 17개에 이른다. 해안선을 향해 포신을 설치했던 동굴까지 예전 모습 그대로 남아 있다. 야트막하지만 마라도까지 다 보이는 가마 오름의 평화로운 모습과 달리, 그 지하에는 제국주의의 야욕이 음험하게 도사리고 있었다.

이 진지는 제주 사람들의 목숨을 건 노역으로 만들어졌다. 당시 상황에 대한 증언을 들어보면, 일제가 얼마나 잔혹했는지를 가슴 깊이 느낄 수 있다. 진지를 건설하는 과정에서 노역을 하던 사람들이 병에 걸리거나 부상을 당하면

치료 기간이 일주일로 한정돼 있었다. 그 기간 내에 치료를 받고도 회복되지 않으면, 그대로 화장해버렸다. 심지어 움직일 수 있는 사람마저 화장해 묻었다는 증언은 믿기 힘들 정도다.

마지막 항전을 기도했던 일제가 항복하지 않고 예정대로 전쟁을 끌었다면 제주도가 어떻게 됐을지는 상상하는 것만으로도 끔찍하다. 도민들은 피할 곳 하나 없는 섬에서 무차별 폭격과 전쟁 동원으로 대부분 목숨을 잃었을 것이고, 진지가 들어선 제주의 오름이라는 오름은 물론이고 민가 하나 성한 게 없었을 것이다.

이곳 역사 현장을 지킨 이는 이영근 씨다. 부친으로부터 당신이 이곳에서 2년간 노역을 했다는 얘기를 듣고 나서, 잔혹한 일제 당시의 진실과 평화의 가치를 후세에 전하기 위해 평화박물관을 짓고 동굴 진지 보존에 나선 것이다. 외부의 도움을 받지

가마 오름 동굴 진지에는 강제 노역을 하고 있는 모습을 마네킹으로 구현해놓았다.

못한 채 주변 땅을 사들이고, 동굴 진지 보존을 위해 각종 시설을 설치하고, 관련 자료들을 모아 평화박물관을 건립했다. 그는 그 일에 전 재산을 들였다.

평화박물관 내의 영상관 벽에는 방문객들이 광목천에 빼곡하게 남긴 글로 가득하다. 이미 가득 채워진 광목천 두루마리 20여 개가 보관돼 있다. 박물관장 이 씨는 이 글들을 모아 책으로 엮으려고 준비하고 있다. 특히 일본인 방문객들이 동굴 진지와 박물관을 돌아보고 나서 "한국인들이 왜 일본을 싫어하는지 이해할 수 있게 됐다"고 쓴 글이 인상적이었다.

평화박물관은 꽤 오래전부터 재정적인 어려움에 빠져 있었다. 한때 일본 공명당 관계자들이 찾아와 매입 의사를 밝힌 사실이 알려지면서 정부와 제주도가 사들일 것을 요구하는 여론이 일기도 했다. 결국 2012년 12월 문화재청과 제주도는 등록문화재 제308호인 가마 오름 동굴 진지를 포함한 인접 토지, 박물관 소장 자료 일부를 49억 원에 사들이기로 하고 매매계약을 체결했다. 그러나 박물관 건물과 나머지 토지, 소장 자료에 대한 가격 협상이 난항을 겪고 있어 씁쓸한 뒷맛을 남기고 있다.

관동군 사령관 별장

일제의 전쟁 준비와 관련된 또 다른 유적으로는, 한림읍 옹포리에 있는 일제 당시 관동군 사령관의 별장이 있다. 시멘트 블록 벽에 일본식 지붕의 단층 건물은 유리 창문과 현관 출입문도

뜯겨져 나갔다. 3백여 평 부지에 아름드리나무들이 울창하고 갖가지 모양의 용암석들로 잘 꾸며진 정원과는 대조적으로, 이 건물은 부지 안쪽에 방치돼 있다. 건물 소유주가 문화재 지정을 받아들이지 않고 있어, 보수가 전혀 이루어지지 않은 탓이다. 건물 내부는 50평 크기로, 일본식 다다미방과 마루로 설계됐다.

별장 건물이 애초 어떤 목적으로, 언제쯤 지어졌는지는 확인되지 않는다. 결7호 작전이 준비되면서 관동군 제121사단이 제주로 이동해올 즈음인 1945년 6월을 전후해 지어졌으리라 추정된다. 제121사단 사령부가 애월읍 어음리에 주둔해 있었던 점에 비추어, 사령관 숙소로 이용될 만해 보인다. 옹포리에는 물이 좋아 대규모 통조림 공장 등 군납품 공장들이 들어서 있어, 이런 점도 연관된 것으로 추측할 수 있다.

제주도의 거의 모든 오름과 해안 절벽마다 동굴 진지가 없는 곳이 없을 정도로 제주도 전체를 요새화해놓은 일제의 결7호 작전은 결국 실행되지 못했다. 일본 왕의 항복 선언으로 제주도는 일제의 방패막이 역할에서 해방됐다. 만일 항복이 조금만 늦었어도 제주도는 불바다가 됐을 것이고, 제주 도민들은 오키나와 주민 15만 명이 학살당했던 것처럼 엄청난 피해를 겪었을지도 모를 일이다.

전쟁의 기억이 또렷하게 남아 있는 이곳들을 돌아보면서 해군기지 문제로 아픔을 겪고 있는 강정을 떠올리는 것은 자연스러운 일이었다. 모슬포 주민들의 토지를 강탈해 만들었던 알뜨르 비행장은 현재 국방부 소유로 돼 있다. 주변 지역의 농민들이 국방부로부터 임대해 농사를 짓고 있는 이 비행장은 국방부가 소유권을 포기하지 않고 있다. 제주도에서는 국방부가 이 땅을 무상으로 넘겨주기를 바라고 있지만, 주민들은 제주 해군기지와 맞물려 언젠가 공군기지로 사용될 것이어서 무상 양여는 어림없을 것이라고 생각하고 있다.

   군사전략상 요충지인 제주도는 역사적으로 전쟁을 꿈꾸는 세력의 손에서 자유롭지 못했다. 일제 말 결7호 작전의 비극에서 요행히 벗어났던 제주도, 그 운명은 앞으로 어찌될 것인가.

05

제주에 유배 온 사람들
추사적거지와 정난주 마리아 묘

제주 사람의 범위는 어디까지일까? 제주에서 태어나 제주에서 살고 있는 사람, 제주에서 태어나 육지에서 사는 사람, 육지에서 태어나 제주에 들어와 사는 사람, 육지에서 나서 육지에 살고 있지만 제주를 사랑하는 사람……. 보기에 따라 그 범위를 정하는 데는 차이가 있을 것이다.

그렇다면 제주 문화의 범주는 어디까지일까? 제주의 역사와 환경, 제주 사람들의 정신세계가 만들어낸 자생 문화, 자의 또는 타의로 제주에 이주한 외

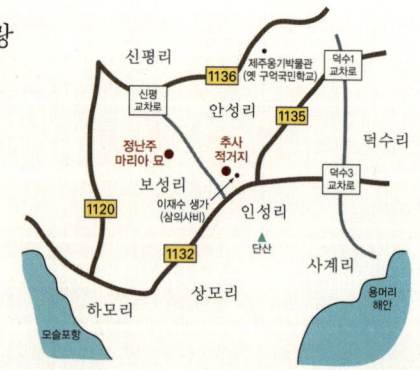

부인들에 의해 형성된 피난민 문화 또는 유배 문화……. 이 또한 사람에 따라 제주 문화에 포함시킬 수도, 그렇지 않을 수도 있을 것이다. 추사秋史 김정희金正喜(1786~1856)와 정난주丁蘭珠 마리아(1773~1838)의 삶과 그들이 제주에 미친 영향은 우리를 유배의 역사로 이끈다.

추사 김정희

추사 김정희는 1840년 쉰다섯의 나이에 서울로 압송돼 여섯 차례 고문을 당하고 36대의 곤장을 맞은 뒤 제주로 유배된다. 안동 김씨 세력과의 권력 싸움에서 밀려난 탓이었다. 만신창이가 된 몸으로 말을 타고 전주, 남원, 나주, 해남을 거쳐 완도까지 이른다. 추사는 유배길에 전주에서 서예가 이삼만李三晩(1770~1845)을 만나고, 해남에서는 친구 초의草衣 선사를 만나기 위해 대흥사를 찾았다.

이삼만은 추사를 위해 "지금은 꽃이 아니어도 좋아라 / 장차는 영원한 삶을 누릴지니"라는 내용의 시를 써주었다. '영원한 삶'이라는 표현 '무량수無量壽'가 인상적이었던지, 추사는 대흥사에서 초의 선사에게 '대웅보전大雄寶殿'이라고 적힌 현판을 떼어내게 하고 '무량수각無量壽閣' 현판을 써주었다.

이 두 사람을 만난 것 외에는 완도까지 이르는 동안 특별한 대접을 받지는 못한 것으로 보인다. 원래 유배형이라는 것이 종신형이지만, 정치적 이해 대립의 소용돌이에 휘말려 유배된 많은 양반 관료들은 몇 년 안에 사면되는 경우가 많았다. 귀양을 가는 고관대작들이 이후 정세 변화에 따라 다시 권력을 쥘 수 있으리라 판단되면 지방관들이 보험을 들어놓듯 후하게 대접하지만, 그럴 가능성이 없어 보이면 대접이 시원치 않았다.

당시 남인계의 몰락하는 집안 출신인 추사는 후자에 해당했던 모양이다. 제주로 유배를 온 면암勉菴 최익현崔益鉉(1833~1906)은 삼남대로를 거쳐 해남의 이진 나루까지 가마를 탔고, 윤선도尹善道(1587~1671)는 유배길에 지나는 고을마다 지방관의 환대를 받았다고 한다. 추사는 이들과 다른 대접을 받았다.

유배인들은 주로 제주도의 관문이던 조천 포구로 들어와, 인근 연북정戀北亭에 올라 북쪽의 임금을 향해 절을 하고, 제주 목관아로 가 신고를 하게 된다. 죄인을 호송해온 압송관이 제주의 지방관에게 그 신병 관리를 넘기는 것이다. 지방관은 유배인의 관리를 담당할 '보수주인保授主人'을 지정해 그 집에서 숙식을 제공케 한다.

유배지에서는 유배인을 관리 감독하는 것과 함께 그 생계도 책임져야 하기 때문에 감독관청이 있어야 하고, 먹여 살릴 능력

● 좌
대정 부자 강도순의 집. 밖거리와 모커리(가운데 초가), 쇠막(오른쪽 초가)이 보인다.

● 우
강도순의 집은 말 방아까지 갖출 만큼 부잣집이었다.

이 있어야 한다. 세가 약한 섬 지방이나 서북 변경의 고을에서는 유배인의 생계를 해결해주는 일이 부담스러웠다. 제주도가 유배지로 적절했던 것은 이런 조건들을 갖추고 있었기 때문으로, 조선 시대 제주로 유배를 온 사람은 2백여 명에 이른다.

화북 포구로 들어온 추사는 제주 목관아를 들른 뒤 무수천을 거쳐 대정으로 보내진다. 대정현의 포교 송계순宋啓純이 추사의 보수주인이었으나, 추사는 2년 뒤 이 지역의 거부였던 강도순姜道淳의 집으로 옮긴다. 강도순은 4만 평의 땅을 소유한 대지주였다. 강도순의 집은 안거리, 밖거리, 모커리에 쇠막과 말 방아까지 갖춘 '저택'이었다.

부잣집에서 기거했으니 민초들이 먹는 것처럼 거친 음식을 먹지는 않았을 것이다. 조천리 김응빈金膺斌의 집에서 지냈던 한말의 지식인 김윤식金允植(1835~1922)은 유배 기간 서울에서 살던 것보다 훨씬 호사스럽게 살았다고 한다. 아무리 그렇더라도 가족 친지들과도 떨어져 살아야 하는 유배 생활이 외로움으로 가득했을 것은 물론이다.

유배형의 종류로는 자신의 거처를 정하도록 해 격리하는 부처付處와 죄인의 고향으로 보내는 본향안치本鄕安置, 외딴 섬에 격리하는 절도안치絕島安置, 적거지 담장을 가시나무로 둘러 격리하는 위리안치圍籬安置 등이 있다. 제주도 유배는 절도안치에 위리안치를 겸하는 것이었다. 그러나 실제로 유배인에 대한 감시 책임은 관내 수령에게 있었기 때문에, 수령의 성격이나 재량에 따라 위리안치는 형식에 그치는 때가 많았다.

유배인들에게는 가족 동반이 허용됐지만, 위리안치의 경우에는 가족을 동반할 수 없게 돼 있었다. 이 때문에 유배인들은 제주 여인과 혼인해 제주에 다양한 성씨가 생겨나는 이유가 되기도 했다. 광해군이 어머니 인목대비를 폐위한 데 반대하는 상소를 올렸다가 제주에 유배된 간옹艮翁 이익李瀷(1579~1624)은 헌마공신獻馬功臣 김만일金萬鎰(1550~1632)의 딸을 맞아 경주 이씨 국당공파의 제주 입도조入島祖가 됐다. 조선 태조가 고려의 유신을 위무할 때 "충신은 두 임금을 섬길 수 없다"고 신정권을 끝까지 반대하다 유배 온 김만희金萬希는 김해 김씨 좌정승공파, 한천韓蔵은 청주 한씨의 입도조가 된다.

추사의 경우는 어떠했을까. 추사에게는 여성과 관련한 기록이 없고, 한양에 있던 부인에 대한 사랑이 지극해 제주의 여성과 관계를 맺지 않은 것으로 보는 것이 일반적이다. 추사는 유배지에서 부인의 사망 소식을, 그것도 한 달 뒤에야 듣고 제문과 함께 자신의 심정을 드러내는 글을 보낸다. 추사의 참담한

추사적거지에 심어져 있는 탱자나무와 담 아래 핀 수선화. 추사는 제주 사람들이 수선화를 보리밭에서 뽑아버리는 것을 안타까워했다.

심정을 엿볼 수 있다. 그 내용은 이렇다.

> 어떻게라도 저승의 월하노인에게 빌어
> 다음 생에는 그대가 남편 되고 내가 아내 되어
> 나는 고향 집에서 죽고 그대 천 리 밖에서 소식 듣고
> 그대 이 내 비통한 심정을 알게 하리라.

제자인 화가 소치小癡 허련許鍊(1808~93)과 역관이던 이상적李尙迪(1804~65), 친구인 초의 선사가 제주를 찾아오기도 했지만, 오로지 글을 쓰거나 책을 읽는 것 외에 다른 낙이 없었다. 이상적은 중국에서 책을 구해 자주 보내주었다. 제자의 갸륵한 정성에 대한 답례로 그려준 그림이 「세한도」였다. 세한도는 예술적인 가치는 물론이고 그에 얽힌 사연으로 더 주목을 받는다.

> 태사공은 '권세와 이득을 바라고 만난 사람은 그것이 다하면 교제 또한 성글어진다'고 했다……. 그대는 어찌하여 겨울에도 시들지 않고 소나무, 잣나무처럼 변함이 없는가? 태사공의 말이 틀린 것인가?

제자의 변하지 않는 정을 치하하는 글이 담긴 세한도를 전해 받고 이상적은 감격했다. 그는 이 「세한도」를 청나라 연경으로 갖고 가, 추사의 지인들에게 그림을 보여주고 16명에게서 글을 받아 그림 옆에 이어 붙였다. 「세한도」는 1930년대 일본인 추사 연구가의 손에 넘어가 1944년 일본으로 건너갔다가, 그 가치를

아는 서예가 손재형孫在馨(1903~81)에 의해 한국으로 돌아왔다.

제주대 양진건 교수는 '한문 지식인'인 유배인들의 귀족적이고 고답적인 태도 때문에 현지의 지식인들이나 기득권층과만 교류하는 한계가 있었을 것이라고 말한다. 그러나 당대 최고의 지식인들인 유배인들이 그들의 학문과 문화를 불모지에 전수한 효과는 적지 않다고 평가한다.

간옹 이익은 김진용金晋龍(1605~63), 고홍진高弘進(1602~82), 문영후文榮後(1629~84) 등 걸출한 인물들을 문하에 배출했다. 이 가운데 김진용은 제주 유림의 거물로서, 제자들이 명도암明道菴이라는 호를 바치고 그 호를 딴 마을이 생겨날 만큼 대학자였다. 이후 김진용은 제주 고등교육의 온상인 귤림서원을 설립하게 된다. 한말 지식인 김윤식은 당시 제주에 유배돼 있던 인물들과 제주의 토호 세력들을 모아 '귤원'이라는 시회詩會를 조직하고, 제주도의 이른바 '문화 운동'을 이끌었다.

추사에게는 소치 허련이나 강위姜瑋(1820~84), 민규호閔奎鎬(1836~78)처럼 육지에서 가르침을 받기 위해 제주를 찾아온 제자들도 있었으나, 친구에게 보낸 편지에서 "이곳 사람들이 우둔하고 무지하나 스승이 없으므로 이를 불쌍히 여긴다"고 밝힌 대로 추사는 제주 인재들의 스승이 되기를 자청했다. 주로 제주의 중인 계급에 속하는 인재들을 제자로 삼아 가르쳤다.

조천 사람 이한우李漢雨(1823~81)는 23살 때 대정으로 찾아가 추사에게 가르침을 청했다. 유배 기간 내내 추사의 가르침을 받은 이한우는 이후 안달삼安達三, 김희정金羲正, 이계징李啓徵, 고영흔高永昕 등의 제자를 길렀다. 추사가 한양의 아들에게 보내 함

추사 적거지에 세워진 추사관. 추사의 작품과 함께 유배 생활에 대한 기록이 전시돼 있다.

께 학문 연마를 권하기도 했던 이시형李時亨, 추사의 도장 180개를 모아 『완당인보』를 펴낸 박계첨朴癸詹, 추사의 서울 심부름을 하기도 했던 보수주인 강도순의 동생 강도휘姜道渾 등 시詩, 서書, 화畵 분야에서 수많은 제자를 배출했다.

일흔 평생 동안 벼루 10개의 밑창을 뚫고 1천 자루의 붓을 닳게 한 그의 열정은 제주에서 보낸 혹독한 고독과 고난의 시절을 통해 추사체를 완성시켰다. 추사는 제주의 수선화와 맨드라미, 영산홍을 좋아해 시와 그림으로 그 아름다움을 노래하기도 했다. 64세에 유배에서 풀려 제주를 떠나기까지 8년 3개월의 세월은 그에게도, 제주 사람들에게도 중요한 의미가 있었음이 분명하다.

'서울 할머니' 정난주 마리아

추사에 앞서 대정에 유배 온 정난주는 종교적인 이유로 대

성지로 잘 단장된
정난주 마리아의 묘.

역 죄인이 됐던 인물이다. 정약현丁若鉉(1751~1821)의 딸로서 당대 최고의 실학자 정약전, 약종, 약용의 조카이기도 한 정난주는 1801년 남편 황사영黃嗣永(1775~1801)의 백서 사건으로 체포됐다. 황사영 백서는 길이 62센티미터, 너비 38센티미터의 명주 천에 천주교인들이 박해받는 실상과 순교자들에 대한 기록, 포교에 필요한 방안 등을 상세히 기록한 것으로, 베이징에 있는 구베아 주교에게 발송되기 직전 발각됐다.

황사영은 서소문 밖에서 능지처참의 극형을 당하고 정난주는 두 살배기 아들 황경한과 함께 제주도로 유배됐다. 정난주의 유배형은 그야말로 종신형이었다. 정난주는 37년 동안 이곳에서 관노의 신분으로 살았으나, 교양과 학식이 풍부해 주민들의 존경을 받으면서 '서울 할머니'로 불렸다. 66살에 병환으로 숨지자, 이웃 주민들이 대정읍 동일리에 장사 지내고 이후에도 벌초를 하며 묘소를 돌봐왔다.

천주교 제주 교구에서는 제주 선교 100주년 기념 사업의 하나로 이곳을 성역화하고 성지로 다듬어놓았다. 천주교 신자들은 정난주 마리아가 한국의 순교자 103명에 포함되지는 않지만 성인으로 불러도 손색이 없다고 보고 있다. 제주시 외도동 성당은 '정난주 성당'이라는 이름이 붙여졌다.

정난주는 제주로 오는 길에 아들의 옷에 이름과 생년월일을 적고 추자도 예초리 바닷가 바위에 내려놓았는데, 울음소리를 들은 어부 오씨가 발견해 키웠다고 한다. 어머니와 생이별한 황경한은 추자도에서 결혼해 아들 둘을 낳고 살다가 예초리 산자락에 묻혔다. 추자도에는 아직도 그 후손들이 살고 있다. 핏덩이 황경한을 오씨가 키운 사연 때문에 추자도에서는 황씨와 오씨가 결혼을 하지 않는다.

절해고도로 조선 시대 최고의 유배지였던 제주. 유배인들은 북쪽을 바라보며 형이 풀릴 날만 기다리던 섬. 당시 이곳에 살던 제주 사람들은 당대의 석학이나 고관대작이던 대역 죄인들을 어떤 시선으로 바라봤을까. 유배인들은 '복역'하는 동안 자신들의 생활을 책임지고 잔심부름까지 해주던 제주 도민들에 대해 어떤 생각을 갖고 있었을까.

추사와 정난주의 유배 생활을 따라가면서 제주 사람들과 유배인의 관계에서 느껴지는 아이러니는 제주 사람이나 제주 문화의 범주를 정하는 것만큼이나 미묘한 것이었다.

06

조랑말의 고향
녹산장

대록산

"사람을 낳으면 서울로 보내고 말을 낳으면 제주로 보내라."
이 말이 참 기분 나쁜 시절이 있었다. "제주는
말이나 사는 땅이라는 말인가" 하는,
제주 사람을 업신여기는 느낌이 강하
게 든 탓이었다. 사람은 큰물에서 놀
아야 한다는 말을 강조하는 만큼, 말에
관한 한 어느 곳도 제주를 따를 수 없다는 점
이 부각된 것이어서 그리 속상할 일만도 아니다.
 말은 과거에 농경과 교통은 물론, 국방에 매우
중요한 요소였다. 기병 한 명이 보병 열 명을 상대

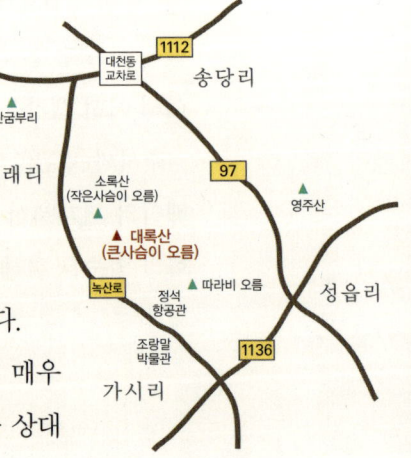

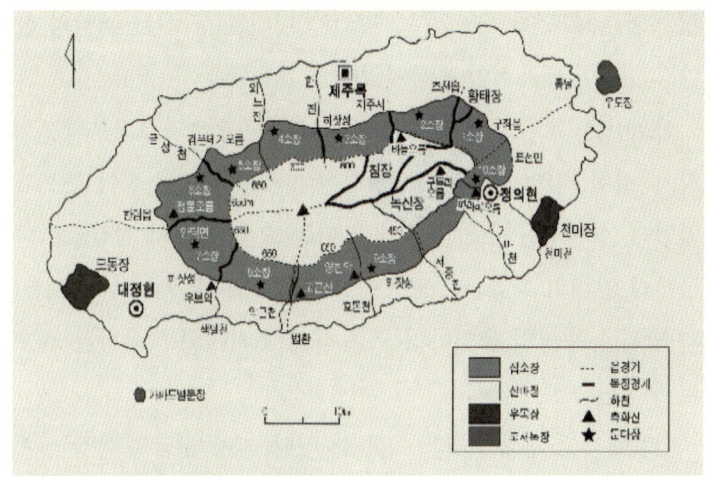

중산간 지역을 빙 둘러 만든 국영 목장 '십소장'과 동부 산간 지역의 '산마장'. (그림 강만익 제공)

한다고 했고, 몽골이 대제국을 건설한 것도 몽골 기병 덕분인 것으로 분석되고 있다. 또한 말의 가격이 노비 세 명과 교환될 정도였으니, 지금으로 따지자면 탱크 한 대 값이 아니었을까. 상황이 이렇다 보니 예로부터 제주에서는 말이 중요한 산업으로 자리를 잡고 있었다. 게다가 최근에는 '말 산업 육성법'이 제정될 정도로, 말 산업이 전국적인 기대를 모으고 있지 않은가.

마을 주변 초지에서 방목으로 말을 기르던 제주에 처음으로 목장이 만들어진 것은 몽골의 영향력 아래 있던 13세기 말이다. 삼별초 항쟁이 여몽 연합군에 의해 진압당한 뒤, 몽골이 1276년부터 말 160필과 목축 전문가들인 목호牧胡들을 불러들여 성산읍 수산리 수산평 일대에 '탐라 목장'을 설치한 것이 그 시작이었다.

제주도에 본격적으로 목장이 형성된 것은 조선 시대로, 해발 200~600미터 지역을 10개 구역으로 나누어 설치한 국영 목장

십소장十所場과 제주도 동부 해발 400미터 이상 산간 지역의 산마장山馬場이 대표적인 목장이었다.

십소장은 제주목 지역에 동쪽에서 서쪽으로 1소장부터 6소장, 대정현 지역에 7, 8소장, 정의현 지역에 9, 10소장이 분포돼 있었다. 산마장은 조천읍 교래리 바농 오름 일대의 침장針場, 산굼부리 일대의 상장上場, 표선면 가시리 소록산(작은사슴이 오름)과 남원읍 수망리 물영아리 오름 사이 초지대의 녹산장鹿山場으로 구성된다.

이쯤에서 소개해야 할 두 인물이 있다. 제주에 국영 목장 설치를 세종에게 건의한 제주 교래리 출신 고득종高得宗(1388~1452)과 탁월한 목축 능력으로 국가의 위기 상황마다 조정에 말을 바쳐 헌마공신으로 칭송받는 의귀리 출신 김만일이다.

세종 때 문과 중시에 급제한 뒤 한성 판윤(오늘날의 서울 시장)까지 지낸 고득종은 방목하는 말 때문에 농작물 피해가 발생하

제주시 회천동 쓰레기매립장 근처의 원형이 비교적 잘 보존된 하잣성. 평범한 밭담으로 보인다.

게 되자 세종에게 해안의 마을 지역에서 방목하고 있는 말들을 중산간 지역으로 옮겨 체계적으로 말을 기를 수 있도록 국영 목장 설치를 건의했다. 그의 건의를 받아들인 세종의 결정에 의해 세종 11년(1429년) 해안 지역의 농경지와 중산간 지대의 방목지 사이에 경계선인 돌담, 즉 '잣'을 쌓게 된다. '잣성'으로도 불리는 이 돌담을 해발 150~250미터 지역에 섬 전체를 빙 둘러 쌓은 것이다.

'알잣', '하잣', '하잣성' 등으로 불리는 이 돌담은 말이 넘어가지 못하도록 높이 1.2~1.5미터 정도의 겹담으로 쌓았다. 그리고 방목하는 말들이 한라산 삼림 지역에 들어가 동사하거나 말을 잃어버리는 일을 막기 위해 1700년대에 해발 450~600미터 지역에 '상잣'('웃잣')을 쌓았다. 이후 해안 지역의 농경지 부족을 주민들이 호소하자, 해발 350~400미터 지역에 '중잣'을 쌓아 방목 지역을 둘로 나누고 농사와 방목을 중잣의 위아래 지역에서 번갈아 하도록 했다.

이렇게 해서 생긴 것이 '십소장'이다. 한 '소장'에 5~7개의 자목장字牧場이 있었는데 천자문의 글자를 따서 말에 낙인을 찍었다. 1개 자목장에는 암말 100필과 숫말 11필이 사육됐고, 자목장마다 군두 1명, 군부 2명, 목자(테우리) 4명이 배치돼 말을 관리했다. 조선 후기 기록에 제주의 자목장은 모두 58~64개가 있었다고 하니, 6~7천 필의 말이 국영 목장에서 사육되던 것으로 보인다.

국영 목장 설치를 건의한 고득종은 그 밖에도 제주의 토지 등급을 내려주도록 요청해 제주 사람들의 조세 부담을 덜어주기

의귀리에 있는 김만일의 묘. 김만일의 후손인 제주대 김동윤 교수가 비석을 살펴보고 있다.

도 했고, 서울로 올라가 종사하는 제주 출신 관리의 자제를 위한 직료職料를 만들어 경제적인 지원이 이루어지도록 했다. 그는 제주 고씨 영곡공파의 파조派祖이기도 하다.

제주의 말 목축 역사에서 가장 중요한 인물 김만일은 고향 의귀에서 교래까지 이르는 방대한 지역에서 1만여 필의 말을 키웠다. 임진왜란이 일어나자 선조 27년(1594년) 군마로 쓸 수 있는 좋은 말 300여 필을 국가에 바친 것을 시작으로, 선조 33년(1600년), 광해 12년(1620년), 인조 5년(1627년)까지 크고 작은 전쟁이 일어날 때마다 네 차례에 걸쳐 모두 1300여 필의 말을 바쳤다.

이 공으로 그는 인조 6년 종1품 숭정대부에 제수되고, 헌마공신으로 칭송받게 된다. 이후 김만일의 개인 목장은 '산마장'으로 운영되면서 산마장 관리를 위해 '산마감목관'제가 신설됐다. 그의 셋째 아들 김대길金大吉이 초대 '산마감목관'에 임명된 뒤 그 후손들이 218년 동안 임기 6년의 감목관을 세습하게 된다.

산마장에는 갑마장甲馬場을 두어 산마들 가운데서 골라낸 품질이 가장 뛰어난 '갑마'를 따로 관리했다. 이 산마장에서 기르던 말이 얼마나 됐는지는 확인하기 어렵다. 다만 김만일이 1만여 필을 사육했고 이후 산마장의 범위가 성판악에 이를 정도로 확대된 것으로 미루어, 1만 필 이상의 규모를 유지한 것으로 추정할 수 있겠다.

1702년(숙종 28년) 10월 15일 산마장에서는 대규모 이벤트가 벌어졌다. 제주 목사 이형상李衡祥(1653~1733)이 산마감목관이 관리하는 산마장 중 하나인 녹산장을 방문한다. 그는 녹산장 중심부인 현재의 표선읍 가시리 큰사슴이 오름(대록산)을 올라 정상에 좌정한다. '구마군驅馬軍' 3700여 명이 산마장에서 방목하던 말들을 성판악 바로 아래의 산쪽 끝 지점에서부터 대록산 아

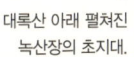
대록산 아래 펼쳐진 녹산장의 초지대.

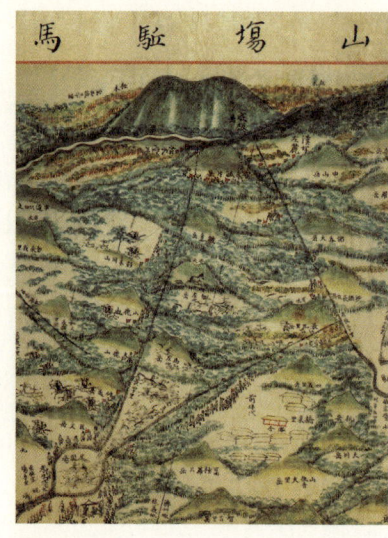

「탐라순력도」의 '산장구마'.
(국립제주박물관 소장)

래 드넓은 초지까지 몰아 내려온다.

구마군이 말을 몰아 내려오는 동안 다른 목장과의 경계인 목책 바깥에 '결책군結柵軍' 2000여 명이 줄지어 지켜 서서 말들이 다른 곳으로 넘어가지 못하도록 한다. 대록산 아래 초지대에 대기하고 있던 '테우리' 200여 명은 달려 내려오는 말들을 원형의 목책(원장圓場) 안으로 몰아넣는다. 테우리들은 '원장' 안으로 들어온 말들로 하여금 한 줄로 빠져나갈 수 있도록 설치한 '사장蛇場'을 통과하게 만든다. 사장을 지나는 동안 말의 수와 건강 상태 등을 일일이 점검한다. 이 '점마點馬' 과정에는 제주 판관, 정의 현감, 감목관이 자리를 지키고 서서 품질이 우수한 말을 골라낸다. 조정에 진상할 말들이다. 이날 행사에 동원된 인원은 모두 6536명이었으며, 이런 내용은 이형상 목사의 「탐라순력도」에 포함된 '산장구마山場驅馬'에 그림과 함께 기록돼 있다.

대록산이 자리한 가시리 초입의 테우리상.

　제주 역사에서 빼놓을 수 없는 말 목축의 역사. 탐라국 시대부터 이어져온 말 목축은 이민족의 지배를 통해 목장의 형식을 띠게 되었고, 국가의 요구로 본격적인 목마장이 설치되어 체계적으로 관리 운영되었다. 그 역사의 흔적이 오롯이 담긴 잣성은 6백 년 가까운 세월을 지나면서 상당 부분 사라졌다. 제주도 전역에 현재 남아 있는 상·중·하 잣성은 총길이 60킬로미터 정도일 것으로 추정된다. 잣성을 더 늦기 전에 문화재로 지정해 보존할 수 있도록 그 문화적·역사적 가치를 새롭게 돌아볼 때가 됐다. 제주대 박사 과정에서 제주 목장의 역사를 연구한 강만익 선생(제주고등학교 교사)은 제주도보다 오히려 외지의 문화재 관련 인사들이 잣성에 관심을 보이고 있다고 전했다.
　또 하나. 남원읍 의귀리는 김만일의 역사를 간직하기 위해 말을 테마로 한 마을 만들기 사업을 펼치고 있다. 표선읍 가시리도 마을 만들기 사업과 관련해 말 목축 역사에 관심을 기울이고 있다. 반면 제주에 체계적인 말 목장이 설립되도록 건의한 고득종의 고향이자 산마장의 동쪽에 위치해 있는 교래리는 '토종닭 마을'이 됐다.

원래 주민들이 떠난 자리에 외지인들이 들어와 살면서 말 목축의 역사를 기억하는 이 없는 탓일까. 마을의 역사나 산업과 전혀 관계없는 닭보다는 말과 관련된 사업을 마을 차원에서 펼치는 것이 훨씬 의미 있는 것 아닐까. 역사가 살아 있는 마을의 모습은 얼마나 아름다울까.

여름을 향해 달리는 대록산의 고사리는 역사적인 흔적들을 많이 놓치고 있는 우리를 탓하듯 부드러운 순을 거둔 채 이미 잎을 피우고 있었다.

07

'목호의 난', 그 흔적을 찾아

어름비에서 막숙까지

몽골의 탐라 지배 100년 역사에 마침표를 찍은 것은 최영 장군의 '목호牧胡의 난' 진압이었다. 그 과정에서 탐라 사람들의 처지는 어땠을까? 무려 100년을 지배해온 몽골의 잔재와 새로운 지배 세력으로 등장한 고려군의 공격은 당시 이곳 사람들에게 어떻게 받아들여졌을까? 여몽 연합군에 의해 최후를 맞은 삼별초의 항몽 전투 당시와는 어떻게 달랐을까? '목호의 난'의 마지막 흔적을 찾아가면서 나는 몇 가지 무거운 질문을 떠올리고 있었다. 그럼에도 불구하고 600여 년 전 역사가 너무 멀리 느껴진 탓이었을까, 쾌청한 날씨 탓이었을까, 발걸음마저 무겁지는 않았다.

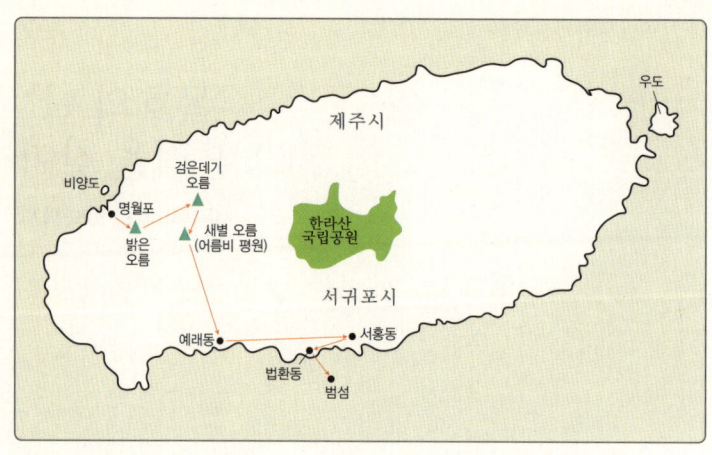

목호군의 이동 경로

어름비 평원

매년 음력 대보름이면 바짝 말라붙은 억새에 불을 지르는 새별 오름은 파란 하늘 아래로 듬성듬성 억새 군락을 품고 있었다. 해발 500여 미터인 오름은 겉모양만큼이나 부드럽고 포근했다. 정상에 올라서자 "고산 지역 말고도 이런 넓은 들이 다시 또 있었구나!" 싶게 눈앞이 확 트인다. '어름비 평원'이다. 이곳이 바로 목호들과 고려 대군이 격전을 벌인 현장이었다.

새별 오름에서 내려와 다시 가까이 있는 '이달 오름'과 '이달이 촛대봉' 등 어름비를 둘러싼 오름 두 개를 마저 올랐다. 어름비의 너른 들판만이 전투 지역은 아니었을 것이다. 이 오름들 모두가 그때 그 현장이었을 터이나, 방목하는 소들이 풀을 뜯는 한적한 모습만 보일 뿐 격전의 흔적은 찾을 길 없다.

몽골은 삼별초 세력을 고려와 연합해 평정한 것을 계기로 탐라를 직할령으로 삼았다. 원종 14년(1273년)의 일이다. 몽골에게 탐라는 남송과 일본을 잇는 바닷길의 요충지로서, 이웃 나라 정벌의 전초기지이자 병참기지로 적격이었다. 탐라에 목마장을 마련한 것도 이런 목적에 딱 들어맞았다.

이후 원의 일본 정벌이 실패로 돌아가고 원의 세조가 죽자 탐라는 고려에 환속됐지만, 관할권만 달라졌을 뿐 실질적으로는 몽골의 지배가 지속되면서, 탐라는 고려와 몽골에 이중으로 수탈당하는 운명을 맞았다. 공민왕 대에 이르러서는 목호들이 탐라의 주도권을 장악하게 된다. 이들은 원이 설치한 탐라 국립 목장에 배속돼 말과 소의 사육을 관할하던 몽골 사람들이다.

공민왕 5년(1356년) 고려가 국가의 자주성을 회복하기 위해 반원 정책을 펴면서, 탐라 관할의 주도권을 둘러싸고 목호 세력과 고려 사이에 여러 차례 충돌이 벌어졌다. 조정에서 파견한 관리가 네 차례나 목호들에게 죽임을 당하자 공민왕은 100여

'새별 오름'에서 내려다 보이는 어름비 평원.

'목호의 난', 그 흔적을 찾아

척의 군선을 파견하기도 했으나, 목호에 밀려 퇴각하고 말았다.

고려와 목호의 대결은 원이 망하고 명이 들어선 뒤 본격화한다. 공민왕 23년(1374년) 명은 탐라에 있는 원의 말 2천 필을 고려에 요구했다. 고려는 이를 집행하기 위해 관리를 제주도에 파견했으나, 목호는 "원의 원수인 명에는 말을 내줄 수 없다"고 버텼다. 마침내 공민왕은 군선 314척, 정예병 2만 5605명을 최영 장군에게 주어 목호 토벌을 명했다. 요동 정벌군이 3만 8830명이었던 것에 비해 크게 뒤지지 않는 규모였고, 당시 탐라 전체 인구보다 많은 병력이었으니, 고려 조정이 목호 세력에게 얼마나 골머리를 썩이고 있었는지 알 만했다.

거기다 탐라 사람들이 처음에는 몽골 사람들에게 거부감을 느꼈을 것이 분명하지만, 100여 년의 세월을 거치면서 몽골 사람들은 친숙한 존재가 됐을 법하다. 몽골 이름을 쓰는 탐라 사람들이 나타나기도 했던 점, 탐라의 정씨 여인이 목호의 난 와중에 몽골인 남편이 전사한 뒤 그의 미모를 탐낸 고려 진압군 장수의 결혼 강요를 뿌리쳐 열녀로 공식 기록되기도 했던 점, 탐라에 주둔한 몽골 병사가 1400~1700여 명에 불과했으나 여러 차례 고려군을 물리칠 수 있었던 점을 보면, 탐라 사람들이 목호의 강력한 지지 기반임을 추측할 수 있다. 고려 관리의 가렴주구가 탐라-몽골 혼혈들은 물론이고 탐라 사람들까지 자연스럽게 목호 편에 가담하게 만든 요인이 되었을 것이다. 결국 고려군의 진압 대상은 목호들뿐만 아니라 탐라 사람들 전체였을 가능성이 크다.

명월포에서 막숙까지

출정 한 달여 만에 최영의 군대는 명월포(현 옹포 포구)에 도착했다. 목호군은 기병 3천여 명에 보병까지 출동해 명월포에 포진했다. 최영은 먼저 전함 11척의 병사를 해안에 상륙시켰으나 이들은 모두 살해당했다. 최영의 군사들은 최정예의 대규모 병력으로 구성됐으나, 상륙하는 병사들이 공격을 감행하지 못하자 최영은 하급 장교의 목을 베며 전투를 독려할 정도였다.

본진이 상륙하면서 전세가 뒤바뀌기 시작했다. 명월포에서 밀리기 시작한 목호군은 밤낮을 가리지 않은 치열한 전투를 벌이면서 '밝은 오름'(한림읍 상명리), '검은데기 오름'(애월읍 유수암리), 어름비(애월읍 어음리), 새별 오름(애월읍 봉성리), 연래(서귀포시 예래동), 홍로(서귀포시 서홍동)에 이르기까지 계속 밀려났다.

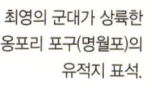
최영의 군대가 상륙한 옹포리 포구(명월포)의 유적지 표석.

● 법환 포구의 배염줄이 안내 표석과 멀리 보이는 범섬.

　마침내 목호군 우두머리인 석질리필사石迭里必思는 가족 및 측근 수십 명과 함께 서귀포 앞 범섬으로 도주했다. 아마도 그는 범섬을 최후 근거지로 삼기보다 패배가 확실한 상황에서 목숨을 부지할 긴급 피신처로 여겼으리라. 온통 절벽으로 둘러싸여 외부 접근이 어려운 천혜의 요새이기는 하지만, 식량 보급도 불가능하다는 점에서 장기적인 항전의 근거지가 될 수는 없는 곳이었기 때문이다.

　범섬 앞 법환 포구에 군막을 친 최영의 군대는 그곳에서 숙영하면서 공략 방법을 찾는다. 비록 작은 섬이기는 하지만 해안에서 1.3킬로미터나 떨어져 있고, 배 댈 곳 하나 없이 깎아지른 절벽으로 둘러싸인 섬을 공략하기가 그리 만만치는 않았다. 고려군은 전함 40척을 이어 묶어 섬으로 건너갔다. 그래서 법환 포구 일대는 '막숙'이라는 이름이 붙었고, 범섬과 최단 거리로 배를 연이어 묶은 지점은 '배염줄이' 또는 '배연줄이'라고 부른다.

출정군이 범섬으로 건너가자 수뇌부 가운데 초고독불화肖古禿不花와 관음보觀音保는 벼랑으로 몸을 던져 자살하고 석필리질사는 처자식과 함께 항복했다. 최영은 항복한 석필리질사와 아들 3명의 목과 함께 자살한 수뇌부의 시신마저 찾아내 목을 베어 개경으로 보냈다. 이로써 100여 년간 이어진 몽골의 탐라 지배는 종지부를 찍었다.

최영의 목호 토벌은 당시 탐라 사람들에게 어떤 것이었을까? 이를 바라보는 탐라 사람들의 시각이 역사 기록으로 남아 있다. 조선 시대에 들어 태종 때 제주 판관 하담河澹이 40여 년 전 사건인 목호의 난에 대한 얘기를 목격자로부터 듣고 기록한 것이다. 목격자의 증언은 이렇다.

우리 동족 아닌 것이 섞여 갑인의 변을 불러들였다. 칼과 방패가 바다를 뒤덮고 간과 뇌가 땅을 가렸으니, 말하면 목이 멘다.

고려와 목호 사이에서 당시 탐라 사람들은 '말하기만 해도 목이 멜' 만한 피해를 입은 '변'을 겪은 것이다. 탐라 사람들에게 고려군은 구원군이 아니라 또 다른 침략자요 학살자였던 것은 아닐까?

100여 년 동안 고려와 원의 이중 수탈 속에 놓였던 탐라가 몽골의 영향력에서 벗어나 고려에 다시 귀속된 뒤 탐라 사람들은 해방과 평화를 누렸을까? 최영의 정벌 이후 탐라 사람들은 더 많은 수탈을 당해야 했다. 명은 대놓고 고려에 탐라에서 난 말의 조공을 요구했고, 고려는 그 요구에 충실하게 응했다. 실제로 탐라는 고려 우왕 5년(1379년)부터 공양왕 4년(1392년)까지 13년 동안 무려 2만 필 이상의 말을 바쳐야 했다.

범섬

우리 일행은 몽골 지배 100년의 마지막 현장을 찾아 범섬으로 향했다. 낚싯배로 범섬을 돌아보기로 한 것이다. 섬 가까이 배가 다가가자 탄성이 터져 나왔다. 한상희 선생(서귀 중앙여중 교사)의 역사 해설을 들으면서, 조금 전까지 무거워졌던 마음은 어디로인가 사라지고 범섬의 경치에 흠뻑 빠져들고 만 것이다.

섬 위쪽은 평평하고 남쪽 가장자리에서는 용천수가 솟아 50~60년 전만 해도 사람이 살면서 가축을 기르고 고구마 농사를 지었다는데, 지금도 섬 정상부에는 사람이 살던 흔적이 남아 있다고 한다. 범섬 남쪽에는 태평양에서 불어오는 강한 바람 때

천혜의 요새인 범섬.

● 위
호랑이 콧구멍.

● 아래
호랑이 똥구멍과
그 옆에 보이는 새끼섬.

문에 나무가 없어 바위투성이이지만, 북쪽에는 돈나무, 구실잣밤나무, 해송 등이 울창하다. 특히 난대성 식물인 '박달목서'라는 희귀종 10여 그루가 자생하고 있다. 상록활엽수림과 함께 천연기념물 제215호인 흑비둘기가 서식하고 있으며, 근처의 문섬과 함께 섬 자체가 천연기념물 제421호로 보호되고 있다.

범섬은 멀리서 보면 호랑이가 웅크리고 앉은 형상이어서 그렇게 이름이 붙여졌다. 지름이 5백 미터쯤 되는 크기의 범섬에는 주상절리가 수직으로 발달돼 섬을 둘러싸고 있고, 주상절리에 구멍이 뚫린 모양의 타포니taffony가 각양각색으로 펼쳐져 있다. 섬 주위에는 크고 작은 해식동굴이 분포돼 있는데, 같은 크기로 나란히 생긴 두 개의 해식동굴은 '호랑이 콧구멍'으로 불리고, 그 반대쪽의 커다란 해식동굴에는 '호랑이 똥구멍'이라는 이름이 붙었다.

범섬 주변은 물이 맑은 데다 기복이 심한 암초로 뒤덮여 있어, 다이버들과 낚시꾼들의 천국이다. 6월부터 7월까지는 감성돔, 뱅에돔, 참돔이 잘 잡히고 겨울철에는 자바리, 참돔, 돌돔 등이 많이 잡힌다고 한다. 법환 포구와 강정 포구에는 범섬으로 가는 낚시꾼들을 태워주는 낚싯배들이 있으며, 우리가 탄 배도 이 낚싯배였다.

'큰섬'에 이웃한 작은 섬은 '새끼섬'으로 불린다. '새끼섬' 북쪽 면은 '큰섬'처럼 주상절리로 이뤄져 있지만, 남쪽 면의 암석은 전혀 다른 모양이었다. 법환의 한 주민은 '새끼섬'에 서 있던 돌기둥이 언젠가 큰 태풍이 온 뒤 부러졌는데, 이후 법환에서는 큰 인물이 나지 않는다는 얘기가 있다고 했다.

지금은 낚시꾼과 다이버들의 천국인 범섬. 역사는 최영 장군이 '목호의 난'을 평정함으로써 몽골 지배 100년의 역사를 마무리한 현장으로 기록한다. 그러나 당시를 살던 탐라 사람들에게는 차마 눈뜨고 볼 수 없는 살육과 목이 멜 희생을 거쳐 지배 세력이 교체된 것 말고는 달라진 것이 없는 비극의 마지막 현장이었다. 그 역사의 현장을 뒤로하고 범섬의 아름다움만을 기억에 담은 채 그곳을 떠났다.

08

탐라국 개국과 그 진실

혼인지

탐라국의 개국 이야기는 이렇게 전개된다.

사람이 살지 않던 아주 아득한 옛날, 세 사람의 신인神人이 한라산 북녘 기슭의 땅으로부터 솟아났다. 이들은 모흥굴, 지금의 삼성혈에서 솟아났는데, 맏이를 고을나, 그다음을 양을나, 셋째를 부을나라 하였다. 그들은 용모가 의젓하고 기품과 도량이 넉넉하고 활달하여 보통 사람들과는 달랐다. 가죽옷을 입고 육식을 했으며 사냥을 업으로 삼았으나 가정을 이루지 못했다.

고·량(양)·부 삼신인三神人이 어느 날 한라산에 올라갔다가 섬 동쪽 바닷가에 자줏빛 안개에 싸인 채 떠내려온 나무 상자를 발견하게 된다. 산에서 내려와 상자를 여니, 그 안에는 새알 모양의 옥함이 있고, 관대를 갖추고 자주색 옷을 입은 사자가 옥함을 지키고 있었다. 옥함 안에는 푸른 옷을 입고 나이 15~16세 돼 보이는 처녀가 셋 있었다. 옥함 안에는 송아지, 망아지, 오곡의 종자도 있었다.

사자는 고개를 두 번 숙여 절하며 말했다.

● 위
세 신인이 솟아났다는 제주시의 삼성혈.

● 아래
세 신인이 활을 쏘았다는 제주시 화북동의 삼사석.

"저는 동해 벽랑국의 사자입니다. 저희 임금님께서 서쪽 바다를 바라보니, 보랏빛 기운이 하늘로 이어지고 찬란한 서광이 한라산 높은 봉우리에 서려 있었습니다. 그곳에 고·량·부 삼신인이 솟아나 나라를 세우려 하지만 배필이 없는지라 저에게 세 공주님을 모시고 가라고 명하기에 여기에 왔습니다. 마땅히 혼례를 치르시고 대업을 이루소서."

삼신인은 "이 세 공주는 하늘이 우리 세 사람에게 내린 것"이라 하며 기뻐했다. 사자는 백마를 타고 하늘로 올라갔다. 삼신인은 곧 깨끗한 '희생'을 바쳐 하늘에 제사 지내고, 온평리에 있는 연못에서 목욕재계하고 혼례를 올려 '흰죽'이라는 굴에서 살았다. 사자가 백마를 타고 하늘로 오를 때 생긴 말의 발자국이 지금도 남았는데, 이곳이 온평리 바닷가 '황루알'이라는 곳이다. 또 삼신인이 목욕한 연못은 '혼인지'라 불렀다.

혼인하여 동굴에서 살던 삼신인은 나라를 세우기 위해 샘물이 맑고 비옥한 땅을 구한 뒤 활을 쏘아 화살이 가는 방향의 땅을 나누어 가졌다. 고을나가 차지한 곳을 일도, 양을나는 이도, 부을나는 삼도라 했다. 지금의 제주시 일도동, 이도동, 삼도동이다. 이들이 활을 쏘았던 곳을 '활쏜디왓'이라 하는데, 제주시 화북동에 있는 지방 기념물 '삼사석三射石'이 그곳이다.

땅을 나누어 가진 뒤 오곡의 씨를 뿌리고 농사를 지었으며, 가축을 기르니 날로 풍요를 얻어 마침내 인간 세상 '탐라국'을 이루게 되었다.

- 『제주 역사 이야기』 중에서

● 세 신인이
벽랑국 세 공주와
혼인하기 위해
목욕했다는 혼인지.

 가을이 무르익어가는 주말을 맞아, 탐라국 개국에 얽힌 신화, 설화 또는 전설과 그 속에 담긴 진실을 찾아 성산읍 온평리 혼인지婚姻池로 향했다. 탐라국은 언제쯤 생겼을까? 고·량·부 삼신인의 용출설의 진실은 무엇일까? 삼신인과 벽랑국 세 공주의 결혼의 의미는 무엇이었을까? 벽랑국은 어느 나라일까?

 신화나 설화에는 메시지가 있다. 그것들에는 당시 사람들이 갖고 있던 신앙이나 사상이 표현되어 있기도 하고, 소망이 담겨 있기도 하지만, 그 자체가 역사적 사실을 극적으로 설명하는 방식이기도 하다. 탐라국 개국 설화에 담긴 역사적 사실을 찾아가는 길은 다양하다. 중국, 일본 등 주변국의 역사 기록과 삼국시대의 기록,『동국여지승람』,『동문선』등의 기록을 나침반 삼아 구전신화와 풍습, 전통의 의미를 재해석해내는 것도 한 가지 방법일 것이다.

 탐라국의 개국 시기는 언제일까? 학자들에 따라 기원전 1세기, 서기 1세기, 3세기, 5세기 등으로 다양하다. 대체적으로는 기원전 1세기경 고·량·부 세 부족이 외부에서 들어온 뒤, 서기 3세기경 농경 세력이 입도하면서 탐라국이 세워진 것으로 추정한다. 이와 관련해서는 제주의 구전 역사를 대표하는 제주 심방(무당)들의 사설에서도 중요한 시사점을 발견할 수 있다. 심방들이 굿을 시작하면서 신들에게 굿을 하는 장소를 고하는 대목이 있다. 천지개벽 신화로부터 시작해 주변의 여러 나라들을 소개하고 산과 물 얘기를 하다가 여기가 제주도라는 설명을 하게 된다.

영평 8년 을축 3월 열사흗날 자시에는 고을나, 축시에는 양을나, 인시에는 부을나, 고·량·부 삼성친이 모흥굴로 솟아나서 도읍한 국이외다.

'영평'은 중국의 연호로, 후한 시대 서기 58~75년에 해당한다. 영평 8년은 서기 65년이 된다. 중국의 연호는 한 무제가 처음 사용한 이래 1949년 중화민국이 대만으로 쫓겨날 때까지 계속 사용됐다. 고려와 조선 시대에는 상당 기간 중국 연호로 연대가 표기돼 있었는데, 심방들도 중국 연호를 사용한 것으로 보인다. 탐라 개국 연대를 구체적으로 밝히고 있는 것이 놀라울 뿐이다.

"고·량·부 삼신인이 모흥굴에서 솟아났다"는 것은 무얼 얘기하려는 걸까? 이는 북방계의 세 부족이 제주 섬의 선주민들을 지배한 뒤 자신들의 뿌리가 바로 이곳임을 강조하기 위한 것으로 보는 것이 일반적이다. 동화정책을 구사하기 위한 건국 이

세 신인이 벽랑국 세 공주와 합방했다 하여 신방굴이라 일컬어진다. 입구로 들어가면 동굴이 세 칸으로 나뉘어 있다.

데올로기인 셈이다. 역사는 지배자의 기록이다. 설화의 생산도 지배자의 의도에 따라 생성되는 것일 수밖에 없을 터이다.

"벽랑국 세 공주와 혼인한 뒤 농사를 지었다"에서, 우선 오곡의 씨앗과 송아지, 망아지를 갖고 왔다는 벽랑국은 어디일까? 통일신라 시대부터 조선 초까지 '탐진현耽津縣'이라고 불리던 전남 강진군 남쪽의 벽랑도碧浪島(현 소랑도)였으리라는 주장이 유력하다. 탐진현이라는 이름은 탐라인들의 활발한 육지 진출과 관련된 것으로 판단된다.

탐라국은 해상 왕국으로서, 중국, 일본, 한반도 남부 지역과 활발한 교류를 펼친다. 특히 탐라국의 제해권은 백제의 영향력이 강하지 않던 전남 강진, 완도를 넘어 나주평야 일대에까지 미친 것으로 보인다. 영산강 주변의 수십 기에 이르는 고분군의 주인이 누구인지는 아직까지 밝혀지지 않고 있다. 한편 탐라국 왕들의 묘는 제주도 어느 곳에서도 발견되지 않는다. 그렇다면 탐라의 제해권이 미치던 이 지역에 왕들의 묘를 쓴 것은 아니었을까?

어쨌든 세 공주로 일컬어지는 농경 세력이 입도한 것은 분명하다. 사냥을 주로 하던 지배 세력이 농경문화를 지닌 세력과 만나 국가 체계를 갖추게 되었다는 것이다. 벽랑국의 세 공주와 함께 농경 기술자들이 들어왔고, 농경문화가 이식되면서 사냥을 하던 이들이 마을을 이루어 정착하게 된 뒤 탐라국을 개국하게 된다. 최근 그 전통을 살려 매년 입춘에 열리는 '입춘굿'은 탐라 개국에 이은 중농정책과 관련이 있다. 왕이 몸소 쟁기질을 하는 입춘굿의 내용은 국가정책에 대한 의지를 드러내는 것으로, 조선의 왕이 선농단先農壇에서 제사를 지내고 밭을 가는 친경親耕 의식을 거행한 것과 같은 취지다.

이후 탐라국은 고려에 복속된 뒤 탐라의 왕이 '성주星主' 칭호로 바뀌고 조선 시대에 이르러 중앙집권 체제 속에 완전히 편입된다. 조선의 역사에서는 탐라가 '나라를 바친 것'으로 기록되고 있으나, 실제로는 탐라 사람들의 기억 속에서 탐라국을 지우는 과정이 치밀하게 진행됐으리라 추정된다.

09

제주 불교의
흥망성쇠

법화사 · 법정사 · 존자암

'당 5백 절 5백'이라 할 만큼 신당과 절이 많았던 제주섬. 조선 시대의 숭유 억불 정책과 맞물리면서 제주에서는 당과 절이 수난을 당해왔다. 그 수난이 절정에 이른 것은 1702년 이형상이 제주에 목사로 와 있던 1년 3개월의 짧은 기간인 것으로 알려져 있다. 그러나 아무리 강력한 정치권력이라 하더라도 백성의 마음까지 지배하지는 못하는 법 아니던가. 민간신앙은 핍박의 강도만큼이나 질기게 지하로 스며들어 그 명맥을 유지해왔던 것이다.

최근 제주 전통문화 연구소는 2년에 걸친 조사 결과 지금까지 각 마을에 남아 주민들의 신앙의 대상으로 존재하는 당 391곳을 확인했다. 또한 불교는 수많은 역사적 질곡을 거치면서 산에서 내려와 민가에 불상을 모신 '인법당人法堂' 형태로 명맥을 유지하면서 질긴 생명력을 보여주었다.

　자비의 진리로 중생을 제도하고, 스스로 깨우치도록 고무하면서, 모든 욕심과 번뇌에서 벗어나 참해방을 누릴 것을 가르쳐온 불교가 제주 역사에서 오랜 세월 어떻게 자리를 잡아왔는지 알고 싶었다. 그 성쇠의 흐름은 어떠했는지를 확인하고 싶었다. 우리는 '욕심을 버리고' 그 큰 그림 가운데 극히 일부이기는 하지만 제주 불교사에서 대표적인 사찰 세 곳을 찾아 나섰다.

　그 세 곳은 한라산 해발 1200미터 고지에 있는 상원上院의 존자암, 중원中院에 해당하는 법정악의 법정사, 하원下院의 법화사다. 원院은 관리들이 행차를 할 때 말을 갈아타거나 휴식을 취하는 중간 지점을 말하는 것으로, 당시 사찰이 원院 역할을 한 데서 상원, 중원, 하원의 구분이 비롯된 것이다.

하원 법화사

　가장 아래쪽에 있는 하원은 대포리 해안에서 4킬로미터 떨어진 곳으로, 현재 서귀포시 하원동에 해당한다. 이 마을에 있는 법화사는 원이 탐라를 실질적으로 지배하던 고려 원종 10년(1269년)에 중창을 시작해 10년 뒤 완공된 사찰이다. 당시 외도의 수정사, 삼양의 원당사와 함께 도내에서 가장 큰 절이었다.

 지난 1982년에 이루어진 발굴 조사에서 법화사 건물은 모두 10동이었고 가장 큰 법당은 105평에 이르는 규모였음이 밝혀졌다. 여러 모양의 기와와 도자기, 청동 숟가락 등 다양한 유물이 발굴됐다. 여기서는 봉황과 용무늬가 새겨진 막새(추녀 끝을 장식하는 기와)도 발굴됐다. 봉황이나 용무늬 막새는 왕실 건축에나 사용되던 것들이다. 국가의 지원을 받는 '비보사찰'神補寺刹이었음을 알 수 있다.

 그로부터 1백 년도 훨씬 지난 조선 태종 6년(1406년), 명은 법화사의 불상을 원나라 사람이 만든 것이라면서 돌려달라고 요구했다. 태종은 이 요구를 받아들여 동불상 세 좌를 돌려준다. 세 불상을 담아 옮긴 궤는 판자 1천 장, 쇠 6백 근, 마 7백 근을 사용해 만들었고, 짐꾼은 수천 명이었다고 한다. 서귀포시 강정포구 서쪽의 '세불 포구'라는 지명은 '세 불', 즉 법화사의 삼존불이 떠난 곳이라는 데서 유래했다고 한다.

 삼존불을 빼앗기고 난 2년 뒤인 태종 8년에는 억불 정책에 따

● 좌
법화사 터에서 발굴된 주춧돌과 각종 석재. 제주의 현무암이 아닌 육지 돌들이다.

● 우
제주에서 보기 어려운 기와 파편들. 법화사의 중창 시기가 기와에 새겨져 있다.

법화사 경내에 남아 있는 '인법당'. 초가였던 건물 지붕을 기와로 바꿨다.

라 382명이던 법화사의 노비가 30명으로 줄어들고, 이후 점차 쇠락의 길을 걷게 된다. 전국의 사찰에 속해 있던 논밭과 노비수를 대폭 줄이는 조치에 따른 것이었다. 1653년 이원진李元鎭(1594~1665) 목사가 남긴 『탐라지』에는 법화사가 "단지 초가 암자 몇 칸만 남아" 있는 것으로 기록하고 있다.

조선 말기에 이르러서는 제주도의 사찰들이 '인법당'의 형태로 명맥만을 유지하게 된다. 사찰을 유지하기 어렵게 되자 불상을 민가로 옮겨 법당을 차린 것이다. 말이 법당일 뿐 살림집에 불상을 모신 것이었으니, 조선 시대 불교는 빠르게 쇠락의 길을 걸었음을 알 수 있다. 법화사도 예외가 아니었다.

시련은 여기서 그치지 않았다. 4·3 당시 토벌대는 1948년 10월 해안선으로부터 5킬로미터 이상 떨어진 중산간 마을에 대한 초토화작전을 벌였다. 중산간의 건물을 무장대가 이용할 수

법화사 대웅전 앞 연못. 붉게 핀 배롱나무가 인상적이다.

없도록 부수거나 태워버린 것이다. 사찰들은 대부분 마을에서 떨어져 있어 많은 피해를 입어야 했다. 불상은 스님들이 옮기기도 했지만, 탱화와 집기 등은 이 시기에 대부분 사라졌다. 제주에 불교 문화재가 남아 있지 않은 이유다.

이후 1950년 3월 신도들이 법당과 요사채를 지어 법화사를 재건했지만, 한국전쟁이 발발하자 군은 법화사를 육군 신병 훈련 숙영지로 접수했다. 대웅전을 본부로 사용하는가 하면, 법화사 주변에서는 사격 훈련까지 이루어져 옛 유적과 유구들마저 파손되고 말았다.

법화사는 지난 1987년 애초 대웅전의 규모와 같은 크기로 복원됐다. 대웅전에는 명에 빼앗긴 삼존상을 상징하는 금동삼존여래상을 봉안해놓았다. 대웅전 남쪽에 조성된 연못에는 연꽃이 가득하다.

중원 법정사

서귀포 자연휴양림 내 법정악에는 일제강점기인 1911년 중원으로 불리는 법정사가 창건됐다. 법정사 창건에 관련된 승려들은 1909년 제주 의병 항쟁의 의병장으로 나섰던 김석윤金錫允 (1877~1949)을 비롯해 항일 의식에 투철한 김연일金蓮日, 강창규姜昌奎, 방동화房東華 등이다. 사찰이 들어선 뒤 김연일 등 승려들은 신도들에게 꾸준히 항일 의식을 고취했다.

마침내 이들은 3·1 운동보다 1년 정도 앞선 1918년 4월부터 조직을 구성하면서 거사를 준비했다. 김연일이 총지휘를 맡고, 좌대장, 우대장, 선봉대장, 후군대장을 두어 수많은 참여자들을 조직적으로 관리했다. 6개월 뒤인 10월 7일 도순리 인근의 하원리, 월평리, 영남리 등의 신도와 주민 7백여 명을 이끌고 무장 항일 투쟁에 나서게 된다.

이들은 "일본인 관리를 제주도에서 몰아내고 국권을 회복한다"는 내용의 격문을 작성해 거사의 목적을 밝힌다. 거사 당일 새벽 34명의 선봉대가 깃발과 화승총, 몽둥이를 들고 법정사를 출발해 서호리, 호근리, 강정리, 하원리를 거쳐 중문리로 나아가는 동안 미리 소집해놓은 주민들이 참여하면서 7백여 명으로 불어났다.

이들은 중문 경찰관 주재소를 습격해 기물을 부수고 주재소 건물을 불태웠다. 서귀포 경찰관 주재소의 기마 순사대가 공격해오자 참여자들은 사방으로 흩어졌다. 66명이 붙잡혀 구금되고 법정사는 불태워졌다. 거사를 주도한 김연일, 강창규 등을

승려와 신도들의 무장 항일 투쟁에 대한 보복으로 불태워진 법정사 터.

붙잡지 못한 일제는 체포된 참여자들을 가혹하게 고문했다. 조사 과정에서 2명이 숨지고, 3명은 수감 중에 옥사할 정도였다.

법정사 무장 항일 투쟁은 조직을 구성하고 무기를 준비하는 등 6개월여의 사전 준비 기간에도 발각되지 않았고, 거사를 주도했던 인물들이 짧게는 1년 6개월에서 길게는 4년 4개월이나 숨어 지낼 수 있었을 만큼 지역 주민들의 호응이 컸다.

반면 일제는 이 사건을 축소·왜곡하는 데 급급했다. 이날 안내를 맡은 한금순 박사는 "일제가 자신들이 남긴 재판 기록 내용과는 달리 참여자 수를 3백여 명으로 축소한 데 이어 '미신이 성행하던 제주에서 미신을 믿는 사람들이 일으킨 난리'로 왜곡하면서 '보천교의 난'으로 명명했다"면서 "이는 다분히 의도적인 것"이라고 지적한다.

이 지역에서는 주도자들이 승려가 아니었던 것으로 알고 있

법정사 터의 우물. 거사 당일 새벽 34명의 선봉대는 이 물을 나눠 마시며 결의를 다졌을 법하다.

는 주민들도 있었다. 흰색 한복을 입고 머리를 기른 데다 당시 신흥종교였던 보천교의 교리와 비슷한 주장을 했다는 것이다. 그러나 한 박사는 승려들이 모두 승적을 갖고 있었으며, 복역하고 풀려난 뒤에도 사찰을 창건하는 등 불교 활동과 항일운동을 계속한 점을 들어 '법정사 무장 항일운동'으로 성격을 규정하는 데 아무런 문제가 없다고 반박했다.

당시 검거돼 가혹한 고문을 받은 참여자들 대부분은 고문 후유증으로 큰 고통을 겪어, 이 가운데 상당수가 자녀를 갖지 못할 정도였다고 한다. 현재 법정사 항일운동 발상지는 제주도 지정 문화재 기념물 제61-1호로 지정돼 있고, '의열사'에는 검거 투옥됐던 66명의 영정을 모셔놓고 있다. 김연일 등 28명에게는 건국훈장이 추서됐으며, 매년 기념식이 열리고 있다.

상원 존자암

제주도에 불교가 전래된 시기는 언제였을까? 탐라국이 백제, 신라, 일본과도 교류했던 점으로 미루어, 이 나라들과의 교류를 통해 불교를 받아들였을 가능성이 있다. 그러나 이보다 훨씬 이전으로 탐라국 개국과 같은 시기라는 주장도 있다. 존자암尊者庵에 대한 기록과 불법의 전파 과정을 다룬 불경의 기록이 근거로 제시된다.

조선 시대 홍유손洪裕孫(1431~1529)은 "존자암은 삼성(고·량·부)이 처음 일어날 때 창건되어 세 읍(제주목, 정의현, 대정현)이 정립한 뒤까지 오랫동안 전해왔다"고 기록하고 있다. 이는 존자암이 탐라국 개국과 함께 세워져 조선 시대까지 이어졌다는 뜻이다. 거기다 고려대장경 법주기法住記의 기록은 예사롭지 않다. 법주기는 서기 3세기경 쓰인 불경으로, 석가모니의 불법 전파 과정을 해설한 경전이다.

법주기에는 "탐몰라주 존자도량耽沒羅洲尊者道場"이라는 기록이 있다. 이 기록에 따르면, 석가세존이 열반에 든 뒤 제자인 16존자가 세계 각처로 흩어져 불법을 전파했는데, 그중 제6존자인 발타라 존자가 9백여 명의 제자를 데리고 '탐몰라주耽沒羅洲'로 갔다는 것이다. 한국 불교사 연구에 큰 업적을 남긴 이능화李能和(1869~1943) 선생은 1917년 『조선 불교 통사』에서 '탐몰라주'가 탐라를 말하는 것이라고 주장했다. 사서에서는 '탐라'라는 이름 외에 '탐모라耽牟羅', '탁라乇羅' 등으로 기록하고 있어, 이 주장을 뒷받침한다.

제주 불교의 발원지로 알려진 존자암.

상원, 그러니까 영실 지구 볼레 오름의 서쪽 해발 1200미터의 고지에 있는 존자암은 번듯하게 지어져 있었다. 맨 위에 국성재國聖齋가 있고, 대웅전과 누각이 줄지어 서 있으며, 서쪽에는 요사채가 자리를 잡고 있다. 흔적도 없던 터에 지난 1998년 중창이 시작되어 2002년 완공된 것이다.

존자암은 고려 시대에 비보사찰로 국가의 지원을 받았고 조선 시대 들어 논을 하사받아 나라의 평안을 비는 국성재를 지내기도 했다. 그러나 1694년의 기록에는 "부서진 지붕과 몇 개 기둥이 남아 있는 모습이었고 산에 놀러 왔을 때 점심을 해 먹는 곳"으로 묘사되어 있고, 1702년 목사 이형상은 "존자암은 초가 몇 칸으로 남아 있으나 스님은 살지 않는다고 하고, 산에 오를 때 숙식할 뿐"이라고 기록해, 당시 사찰의 기능은 이미 사라졌던 것으로 보인다.

석가모니의 진신사리가 모셔져 있었다는 부도. 제주의 현무암으로 만들어졌다.

지난 1993년 진행된 발굴 조사 결과, 부도와 목탑의 초석, 국성재 제단 터의 주춧돌, 비각의 지붕돌 등 많은 유물이 발견됐다. 또 주변에서 상감청자 조각과 분청사기 조각, 백자 조각 등 불사에 이용됐던 유물과 각종 기와 조각도 발굴됐다.

우리가 존자암에 도착하자 상각 스님이 우리를 맞았다. 그는 존자암의 유래를 설명하면서 "존자암이 있는 볼레 오름의 한자 이름이 불래악佛來岳인 것도 발타라 존자가 이곳에 부처님의 진신 사리를 갖고 온 근거"라고 덧붙였다. 스님은 존자암에 대한 긴 설명 끝에 "제주가 자연환경 외에 제주어, 문화, 역사 등 인문이 더해져야 세계의 보물이 될 것"이라고 강조하기도 했다.

제주 불교는 탐라국의 역사와 함께 시작됐다는 주장이 제기될 만큼 오래전부터 이 땅의 중요한 종교로 자리를 잡았다. 불교가 한창 융성할 때는 마을마다 절이 있었으리라 추정된다. 조선 시대 불교에 대한 탄압을 거쳐 제주 사람들이 고통을 겪어야 했던 역사적 수난기에 제주의 불교도 고난을 당했다. 이날 우리는 제주 불교의 역사를 함축하고 있는 세 곳의 사찰을 통해 제주 사람들의 삶과 제주 불교의 성쇠를 살펴볼 수 있었다.

ⓒ 강정효

제2부

문화 편

제주의 숨은 보물들

10

산지천 물길 따라
문화는 흐르고

제주시 원도심

 산지천은 한라산 북쪽 사면 해발 720미터 지점에서 발원해 제주시 아라동과 이도동, 일도동을 차례로 흘러 건입동의 제주항을 통해 바다로 나간다. 제주시 원元도심 한복판을 흘러가는 건천, 제주말로 '내창'이다.

산지천

 원도심 탐방의 출발 지점은 제주시 일도2동 중소기업지원센터와 제주도서관 사이 '만남의 다리'였다. '만남의 다리'는 다리라기보다 작은 광장처럼 느껴졌다. 너비가 15미터쯤 되는 탓이다. 학생문화원과 연결되는 이 다리는 애초 북쪽으로 120여 미터 떨어진 산지1교까지 복개돼 광장으로 활용될 계획이었다고 한다. 이 계획이 수정돼 다리와 '청소년 쉼터'가 만들어지고 산지천을 따라 '청소년의 길'로 이름 붙여진 산책로를 냈다. 천만다행이다. 만일 애초 계획대로 공사가 진행됐다면, 언젠가 다시 걷어내야 할 것이었다. '청소년의 길' 주변 지역에는 수운 근린공원을 포함해 여유 있는 녹지 공간과 단독주택들이 밀집돼 있어 아늑한 주거 환경이 갖춰져 있다.

이 일대의 산지천 바닥을 채우고 있던 커다란 바위들은 하천 정비 사업에 따라 모두 사라지고 물길의 고속도로가 만들어져 있었다. 이 바위들은 큰 비가 내릴 때 물의 빠른 흐름을 막는 효과와 함께 하천 양쪽의 우거진 숲과 어울려 아름다운 경관을 만들어냈었다. 한라산에서 북쪽으로 제주시를 향해 흘러내리는 산지천, 병문천, 한천, 독사천은 이렇게 정비됐다.

평소에는 물이 흐르지 않는 하천, 즉 건천이다가 비가 내리면 한라산에서 제주시 앞바다까지 이들 하천을 따라 물이 흐른다. 큰 비가 내리면 한라산에서 바다까지 짧은 거리를 급하게 흘러내린 물은 복개돼버린 하천 하류에 이르러 주변 지역을 침수시킨다. 지난 2007년 엄청난 폭우를 몰고 온 태풍 '나리'로 제주 시내 네 개 하천이 모두 범람해 큰 피해를 입었는데, 하천 복개

제주시 원도심을 관통하는 산지천.

탓이 컸다.

산지1교를 건너가자 산지천 변에 누군가 고추 모종과 양파 등 채소로 아담한 텃밭을 꾸며놓았다. 산책길에 놓인 벤치는 주변과 잘 어울렸으며, 제주시 노인회관과 이웃한 공간은 노인들의 쉼터로 적절했다. 산지천에는 일상의 삶이 아주 가까이 있었다.

제주 기적의 도서관

산지천을 따라 만들어진 길은 동여자중학교 앞에서 건너편 '제주 기적의 도서관'으로 이어졌다. 지난해 66세를 일기로 타계한 건축가 정기용의 작품이다. '건축업자의 하수인'임을 거부하며 가진 것 없고 가난한 사람들이 이용하기에 가장 편리한 건

삼각형 모양의
제주 기적의 도서관

축물을 만들어낸 건축계의 비주류로서, 한국 현대 건축사에서 그 이름을 기억해야 할 인물이다.

　기적의 도서관은 지난 2003년 MBC의 프로그램 '느낌표'를 통해 문화적 혜택에서 소외된 지방 도시에 어린이 전용 도서관을 건립해 나가는 기획에 따라 전국 열 곳에 지어졌다. 이 가운데 순천, 진해, 제주, 서귀포, 정읍, 김해 등 여섯 곳을 정기용이 무료로 설계했다. 도서관이 절대적으로 부족한 데다 어린이 전용 도서관은 그 개념조차 낯선 상황에서 제주 기적의 도서관은 2004년 5월 5일 어린이날에 개관했다. 대지 7백 평에 건평 2백 평쯤 되는 건물이다.

　건축가 정기용은 기적의 도서관 설계와 관련해 "건축의 기본 원리는 주변 동네를 압도하는 것이 아니라 기존 동네의 단독주택들이 집합된 풍경과 공존하는 것이다. 가급적이면 낮게, 그러나 분절된 여러 개의 공간으로 분화시키면서" 이용자들의 편의를 가장 중심에 두고 설계했다고 밝혔다. 제주 기적의 도서관은 사방으로 길과 연결돼 어디서든지 출입할 수 있고, 잔디밭은 도로와 같은 높이에 배치해 동네 주민들이 어떤 위화감도 느끼지 못하도록 설계됐다.

동부경찰서 서쪽으로 흐르는 산지천은 문예회관 앞 일주도로를 건너야 다시 만날 수 있다. 신산 공원을 오른쪽에 끼고 이어지는 산책로는 제주 도심에 이렇게 아름다운 길이 있으리라고는 상상하기 어려울 지경이다.

삼성혈과 중앙로 주변

나의 발걸음은 산지천을 잠시 빠져나와 탐라국 건국의 중심인 삼성혈로 향했다. 고을나, 양을나, 부을나 삼신인三神人이 솟아났다는 곳, 가죽옷을 입고 사냥한 고기를 먹으며 살다가 오곡 종자와 송아지, 망아지를 갖고 온 벽랑국 세 공주와 혼인해 농경 생활을 시작했다는 탐라국 개국 신화의 시발점이다.

울창한 숲이 잘 보존되어 있는 삼성혈.

삼성혈 경내를 가득 채우고 있는 울창한 나무들은 도심 속 녹지로 뛰어난 역할을 하고 있다. 일제강점기에 제주도 내 곳곳의 숲이 전쟁용 물자로 사라져간 것처럼, 삼성혈의 거목들도 진지 구축용으로 잘려 나갈 위기를 맞았다. 일제의 위협을 받았던 당시에 삼성사 재단의 고인도高仁道(1896~1962) 이사장이 목숨을 걸고 버틴 덕에 살아남은 것이다.

일본군 사령관에게 불려간 고 이사장은 "나무를 내놓고 자손들에게 맞아 죽으나, 나무를 내놓지 않고 당신에게 죽으나 죽기는 매일반이니 승낙할 수 없다"고 했다. 사령관은 욕지거리와 함께 "나가라"고 소리를 질렀다. 사령관 사무실 앞에 착검한 총을 들고 줄지어 서 있는 군인들이 자신의 목을 벨 것으로 여겼던 고 이사장은 무사히 집으로 돌아왔으나, "내복이 완전히 젖어 있을 정도"로 위협을 느꼈다는 후일담이 아들 고달익 선생으로부터 전해진다.

삼성혈을 한 바퀴 돌아 북쪽으로 고개를 돌리면 우람한 KAL 호텔이 버티고 서 있다. 19층의 이 호텔은 높이 72미터의 관제탑 모양으로, 1974년 신축 당시 제주 지역에서 가장 높은 건물이었다. 이 기록은 제주시 원도심에서 지금까지 계속되고 있다. 높은 지형에 우뚝 솟은 호텔 건물은 제주 시가지의 스카이라인을 해쳐, 잘못된 건설 행정이라는 지적을 받았다.

이 호텔의 건축 허가 당시에는 고도 제한이 없었다. 호텔이 들어서고 난 뒤에야 비로소 이에 대한 문제의식을 갖게 됐다. 제주시 55미터, 서귀포시 40미터라는 고도 제한은 1997년 수립된 경관 고도 규제 계획에 따른 것이다. 이 점에서 KAL 호텔은

삼성혈 뒤쪽
주택가의 옛 골목.

제주 개발 역사의 의미 있는 한 축을 담당하고 있다.

삼성혈 뒤쪽 주택가에는 폭이 1.5미터 남짓한 옛 골목이 그대로 남아 있다. 두 사람이 겨우 비껴갈 정도의 좁은 골목길과 돌담은 사람 사는 냄새를 풍긴다. 자동차가 대문 앞까지 들어가는 것은 상상도 할 수 없고, 눈이라도 쌓이면 좁은 골목길 담벼락에 손을 짚으며 걸어 들어가야 하는 골목이다.

제주대 김태일 교수(건축학)는 이 골목길 앞에서 "좋은 건축이란 불편한 즐거움을 느낄 수 있게 하는 건축"이라고 말했다. 아파트 지하 주차장에 주차한 뒤 엘리베이터를 타고 곧바로 자기 집 현관으로 들어가는 것이 편리해 보이지만, 집으로 들어가는 길에 동네 사람을 만나거나 계절의 변화를 느끼거나 이웃들이 살아가는 모습을 만날 수 없다는 것이다. 바람이 불면 바람을 맞고 눈이 내리면 눈을 맞으며 하늘도 바라보고 세상사의 변화도 느끼는 것이 불편하지만 삶의 즐거움이 아니겠느냐는 말에 고개를 끄덕이게 된다.

삼성혈을 벗어나면 서민들의 삶의 현장인 보성시장으로 접어들게 된다. 시장은 반찬이나 채소, 생선을 파는 가게가 좁은 길을 따라 옹기종기 배치돼 있다. 집에서 잠깐 걸어 나와 저녁 반찬거리를 살 수 있는 거리에 있는 작은 시장이다. 보성시장 순대국밥은 아직도 유명세를 누리고 있다.

보성시장을 벗어나 중앙로로 나오자 교보생명 건물이 눈에 들어온다. 김태일 교수의 말에 따르면, 교보생명 건물은 주일본 미국 대사관 건물을 그대로 베낀 것이라고 한다. 그러고 보니 서울의 교보생명 본사 건물과 제주의 교보생명 건물이 똑같이 생겼다. 전국 각 지역에 똑같은 모양의 빌딩을 가진다는 것은 기업의 자부심과 정체성을 강하게 드러내는 표현이다. 지역의 환경과 정서에는 그리 관심을 두지 않는 태도다. 현대자동차도 마찬가지라지.

제주 성지와 오현단

산지천은 삼성혈 앞에 있는 삼성교 아래를 지나 기산 아파트 서쪽으로 흐른다. 산지천이 깊어지면서 유독 높게 설치된 삼성교는 1960년대 청소년들 사이에 '콰이 강의 다리'라고 불렸다. 당시 크게 인기를 끌었던 영화 제목을 갖다 붙인 것으로, 깊은 계곡을 가로지르도록 높게 만들어진 다리가 닮았다는 것이었다. 멋있는 이름과 함께 이곳이 당시 제주 도심의 거의 유일한 데이트 코스로 떠올랐다.

삼성교 주변에 이르러 산지천은 갑자기 깊은 계곡을 이루며 바닥의 바위들과 양 옆의 울창한 숲이 도로 살아나 장관을 이루고 있다. 사고 위험을 막는 철책 끝 부분에 있는 출입문을 통해 벗어나 계곡 아래를 돌아볼 수 있다. 한때

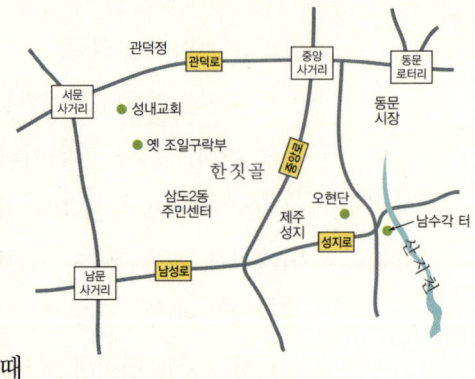

사람들이 살았던 흔적과 함께 텃밭을 일구던 흔적이 어렴풋이 남아 있는 계곡은 산지천의 원시적 아름다움을 간직하고 있다.

계곡을 벗어나자 소박한 주택들이 늘어선 동네가 나온다. 조금 더 내려가자 남수각이 있던 자리다. 이곳에는 표지석만 전봇대 안쪽에 방치돼 있었다. 남수각은 산지천에 만든 다리 위의 누각으로, 홍수 때마다 유실된 것을 다시 짓기를 반복했다고 한다. 지금은 지명으로만 남아 있다.

산지천 서쪽으로 제주 읍성의 성곽이 170여 미터 남아 있는 오현단이 있다. 성곽은 지나칠 만큼 깔끔하게 복원돼 있다. 도내의 성곽이 복원된 곳마다 애초의 형태를 잃어버린 것은 여기서도 마찬가지다. 가지런한 모습은 원형과 크게 다를 뿐만 아니라 성곽이 갖추어야 할 기본적인 구성도 놓치는 경우가 많다.

오현단은 조선 시대에 제주도에 유배되거나 관리로 부임한 뒤 제주의 교육과 학문 발전에 공헌한 다섯 성현을 기리는 제단으로서, 중종 15년(1520년)에 유배된 충암沖菴 김정金淨(1486~1521), 중종 29년(1534년)에 제주 목사로 부임해온 규암圭庵 송인수宋麟壽(1499~1547), 선조 34년(1601년)에 안무사로 왔

던 청음 김상헌, 광해군 6년(1614년)에 유배된 동계桐溪 정온鄭蘊 (1569~1641), 숙종 15년(1689년)에 유배된 우암尤庵 송시열宋時烈 (1607~89) 선생 등이다. 고종 8년(1871년) 서원 철폐령이 내렸을 때 이들의 위패를 모시던 귤림서원이 헐리게 되자 그 터에 이 제단을 설치했다.

오현단 북쪽으로 오현 중·고등학교가 있었다. 지난 1975년 화북동으로 이전하고 난 뒤 학교의 운동장과 교실이 있던 자리에는 연립주택과 상가가 빼곡히 들어서 있다. 내가 이 학교를 다니던 1960년대의 기억은 아직도 생생하다. 당시 성담은 안쪽으로 무너져 내려 성곽 위로 오르기가 쉬웠다. 점심시간에 조천, 삼양, 화북, 외도, 하귀 등 시 외곽 지역에 사는 친구들과 함께 성담 위에서 도시락을 까먹는 재미가 쏠쏠했다. 성곽 아래에는 올망졸망한 작은 밭과 시커먼 토종 돼지를 기르던 우리도 있

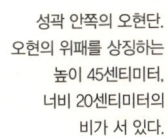

성곽 안쪽의 오현단. 오현의 위패를 상징하는 높이 45센티미터, 너비 20센티미터의 비가 서 있다.

었지만, 지금은 포장도로가 지난다.

오현단 서쪽 암벽에는 '증주벽립曾朱壁立'이라는 글자가 새겨져 있다. '증자와 주자가 쌍벽으로 나란히 서 있는 것처럼 증자와 주자를 공경하고 배운다'는 뜻의 이 글은 원래 서울 성균관 북쪽 벼랑에 새겨진 송시열의 글씨다. 제주 출신의 성균관 직강直講이 이 글씨를 모사해 보관하고 있던 것을 제주 목사가 새겨 넣은 것이다.

한짓골 길

산지천을 벗어나 서쪽으로 발걸음을 옮겼다. 제주 읍성의 남문이 있던 남문 로터리에서 바다 쪽으로 뻗은 일방통행로는 조선 시대 제주 읍성에서 한짓골을 따라 관덕정으로 이어지는 대로였다. 1970년대까지만 해도 제주 MBC의 전신인 남양방송, 시화전이 끊임없이 열리고 1960~70년대 낭만의 현장이던 '소라

격동의
제주 현대사의 현장인
옛 조일 구락부 건물.

다방' 건물이 남아 있다.

　한짓골 서쪽으로 나 있는 좁은 골목길을 따라 들어서자, 300여 년의 역사가 고스란히 간직돼 있었다. 의연하게 버티고 서 있는 도심 속 초가를 지나면 조선 시대 마을의 어른들이 모여 마을의 대소사를 의논하던 '향사당'이 있고, 해방 공간에서 '제주도 민주주의 민족 전선'과 '조선 민주 청년 동맹'이, 4·3 당시 악명 높던 '서북청년회 제주 지부'가 결성됐던 조일 구락부 건물이 있다. 이 건물은 도내 최초의 극장이던 '제주 극장'으로 사용되다가 나중에 '현대 극장'으로 이름을 바꾸었다. 지금은 낡은 모습 그대로 몇 개의 점포가 들어서 있다. 격동의 제주 현대사를 간직하고 있어, 도 차원에서 매입해 보존할 가치가 있다.

　이 건물 북쪽에는 1908년 제주에 처음으로 기독교가 전래된 성내城內교회가 있다. 이기풍李基豊 목사(1865~1942)에 의해 세워진 초가 교회는 지금 세련된 현대식 건물로 바뀌어 여전히 자리를 지키고 있다. 성내교회는 1941년 교인들이 많아지자 동문시장 근처에 동부교회를 분립하면서 서부교회로 이름을 바꾼다. 1953년 한국 장로교회의 분열과 함께 서부교회는 대한예수교장로회(예장) 서부교회와 한국기독교장로회(기장) 서부교회로 나뉜다. 담장을 사이에 두고 맞서 있던 두 교회는 예장 서부교회가 옮겨가면서 기장 서부교회가 원래의 자리에 남게 된다. 이후 예장 서부교회는 성안교회로, 기장 서부교회는 성내교회로 원래의 이름을 되찾았다. 성안교회, 성내교회, 동부교회 등 세 교회는 분열의 아픔을 딛고, 창립 100주년이 된 2008년부터 합

제주도 최초의 교회인 성내교회.

동으로 창립 기념 예배를 드리고 있다. 골목길을 벗어나 관덕정 앞 큰길로 나서면 1958년 관덕정 광장 서쪽에 건축된 제주시 청사에 이른다.

제주시의 원도심은 서울의 북촌을 연상시킨다. 조선 시대 고관대작들의 주거 지역이던 북촌의 좁은 골목길과 낡은 한옥들은 산업화 시대에 마치 두루마기에 갓을 쓴 유학자를 고층 빌딩 숲에서 만나는 것만큼이나 생뚱맞았다. 하지만 북촌은 500년 조선 왕조의 역사와 문화, 당시 삶의 흔적을 오롯이 간직하고 있어, 그 가치가 새롭게 인식되면서 최근 들어 각광을 받고 있다. 서울의 북촌처럼 제주의 역사와 문화와 삶의 흔적이 그대로 남아 있는 제주시 원도심은 발상의 전환만으로도 보석처럼 빛날 여지가 있었다.

원도심을 둘러보고 나서, 기적의 도서관을 설계한 공공 건축의 대가이자 건축계의 이단아 정기용 선생의 생애 마지막을 담은 다큐멘터리 영화 「말하는 건축가」를 감상했다. 전북 무주와 경기 안성에 주민센터 설계를 부탁받고 그는 주민들을 만났다. 주민들에게 필요한 것이 무엇인지를 듣고자 했다. 그는 주민들의 요구대로 주민센터 안에 목욕탕을 지었다.

  미학을 전공한 뒤 프랑스에 유학하면서 건축을 공부한 그는 평생 수많은 공공건물을 설계했으며, 노무현 대통령의 사저를 설계하기도 했다. 그는 "건축가로서 내가 한 일은 원래 거기 있었던 사람들의 요구를 공간으로 번역한 것"이라고 말했다. 그의 신념은 "건축이 더 이상 부동산으로 가치를 평가받는 것이 아니라 사람들의 삶에 의미 있는 질적 변화를 줄 수 있는 문화가 돼야 한다"는 것이었다. 건축가이면서도 자신은 정작 집 한 채도 소유하지 않았던 정기용. 지난해 타계한 그가 남긴 유언은 이랬다.

  나무도 고맙고, 바람도 고맙고, 하늘도 고맙고, 공기도 고맙고, 모두 모두 고맙습니다.

11

너무 아름다워
잃어버린 마을

베릿내 마을과 한담 마을

베릿내 마을

'성천포星川浦'라고도 불리는 '베릿내 마을'은 앞으로 바다가 펼쳐져 있고 마을 오른쪽으로는 천제연 폭포에서 베릿내를 따라 흘러내린 물이 바다와 만난다. 마을 입구에는 '테우리 물'이 있다. 마소를 먹이던 테우리(목자牧者)들이 마을로 들어오면서 몸을 씻던 샘이다. 테우리 물에서 20여 미터 떨어진 곳에는 어부와 해녀들이 풍

● 좌
중문 관광단지가
개발되기 전의
베릿내 마을.
(서재철 소장)

● 우
베릿내 마을 자리에
들어선 리조트.

성한 수확을 빌던 당堂인 '전신당'이 있다. 요즘도 주변의 어부와 해녀들이 찾아오는 듯 당에는 새로 걸린 지전과 물색이 가득했다.

이 마을의 주민이면서 이 마을의 역사를 탐구해온 전직 초등학교 교장 이성무 선생은 이 일대의 마을 이름이 상문, 중문, 하문으로 구분됐던 것으로 미루어, '베릿내 마을'은 하문 지경에 해당하는 것으로 추정된다고 설명했다. 지난 1985년에는 마을 주변의 해식동굴에서 석기류 등이 발견돼, 이미 석기시대부터 이 지역에 사람들이 거주했으리라 짐작된다.

조선 고종 대에 대정 군수를 지냈던 채구석은 관직을 그만둔 뒤 중문에 살면서 천제연 폭포에서 흘러내린 물을 끌어 5만여 평의 논을 조성했다. 보리농사만 짓던 이 지역에서 쌀농사가 시작된 것이다. 천제연에서 중문 일대의 '논골'까지 이어진 물길은 '논골 물'이라고 불렸다. 이후 감귤을 대대적으로 재배하게 되면서 논농사를 짓지 않게 되자, 더 이상 필요 없어진 논골 물은 물길을 바꿔 지금은 베릿내 절벽으로 떨어진다.

천제연 폭포에서 흘러내린 물이 마을 옆을 지나 물이 풍족하

베릿내의 깊은 계곡으로 떨어지는 논골 물. 절벽 위에는 아직도 채구석이 만든 물길이 남아 있다.

고, 민물과 바닷물이 만나는 바다에는 어족 자원이 풍부해서 살기 좋던 베릿내 마을. 주민들은 농사를 짓기도 하고 어업에 종사하기도 하면서 7백여 년을 살아왔다. 깊은 계곡을 끼고 있는 초가 10여 호의 작은 마을이어서 주민들은 고부 이씨, 남평 문씨, 원주 원씨 등 다양한 성씨를 가졌지만, 이웃집 숟가락이 몇 개인지도 다 알고 지내왔다. 그런 평화로운 마을에 개발의 광풍이 불어닥쳤다.

1988년 중문 관광단지 2단계 개발 과정에서 주민들은 모두 마을을 떠나야 했다. 관광단지에 편입되면서 주민들이 떠나 텅 빈 마을은 가구 제조업체인 '윤씨농방'에 팔려 '씨 빌리지Sea Village'라는 리조트의 한 귀퉁이로 포함됐다. 리모델링을 한 초가집들은 어촌 체험 관광 사업에 이용됐으나, 그때만 해도 체험 관광이 관광객들의 관심을 끌지 못했다. 결국 이 사업은 중단됐고 지금은 초가들이 모두 폐가로 남아 있다.

대규모 관광단지 개발에 강제수용된 뒤 관광 사업에 쓰이다가 예상만큼 돈벌이가 되지 못하자 버림받은 마을. 오순도순 모여 살며 삶을 일구다 이곳에서 쫓겨난 마을 사람들은 지금쯤 어디서 무얼 하며 살고 있을까. 지붕이 서로 닿을 듯 가까이 서 있는 초가들과 직경 40~50센티미터 크기의 타원형 먹돌로 쌓인 돌담만이 마을길과 우영밭(텃밭)의 흔적을 보여주고 있을 뿐, 텅 빈 초가의 모습이 쓸쓸하다.

사람들은 쫓겨나고 마을은 버림받았지만 아직도 그 아름다움을 고이 간직하고 있는 것이 보는 이들의 가슴을 아리게 한다.

한담 마을

제주시 애월읍 곽지리 동쪽 바닷가의 한담리. 한겨울 '바람 타는 섬' 제주에 하늬바람이 몰아칠 때도 바람이 들지 않아 따뜻했던 마을. 멸치 떼와 자리돔, 소라와 미역 등 수산물이 풍성했던 마을. 동풍이 불면 유독 파도가 잔잔하고 바닷물이 맑아 지나가던 어느 제주 목사가 '한담漢潭'이라는 이름을 붙였다던 마을. 20여 가구가 살던 이 마을에는 주민들의 발길이 끊긴 지 오래다.

1980년대 제주도에 개발 바람이 불던 시절, 탤런트 노주현이 이 마을 한복판의 집 한 채를 사들여 별장으로 꾸며놓았다. 이 사실이 알려지면서 외지인들이 외진 어촌 마을에 관심을 보이기 시작했다. 한 채, 두 채 집들이 팔려 나갔다. 이 마을에서 나고 자란 김권익 씨 (75세)도 지난 1989년 제주시에 사는 부자 고 아무개의 강청에 못 이겨 집을 팔았다.

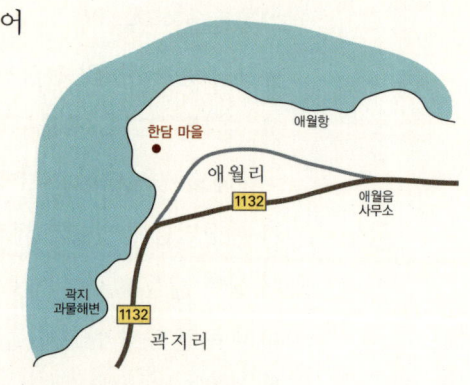

한담 마을의 자그마한 집들이 있던 자리에는 2층, 3층짜리 고급 주택들이 들어섰다. 20여 호가 있던 마을이 외지인들의 별장 지대로 변해버렸다. 별장 주인들은 대부분 1년에 한두 번 찾아올 뿐 이곳에 살지 않는다. 그뿐 아니다. 주인이 계속 바뀐다. 김권익 씨는 "속았다"고 했다. "살지도 않을 심산이었으면서 부동산 투기로 집을 사들여 마을 사람들은 모두 떠나고 마을은 죽어버렸다"고 했다.

김씨는 5살 때부터 아버지와 함께 테우(뗏목)를 타고 나가 자리돔을 떴다. 잡은 자리돔은 인근 중산간 마을인 납읍에서 보리로 바꿔왔다. 멸치 떼가 들면 동네 사람들이 모두 나와 함께 '멜(멸치)을 후리고' 마을 공동 창고에 멜젓을 담갔다가 외지에 팔았다.

김 씨가 기억하는 그의 아버지 김용택 씨는 힘이 장사였다. 말 앞다리를 어깨에 메고 수레에 실은 적도 있고, 바닷가에 물이 들어오지 못하도록 혼자서 담을 쌓기도 했다. 한번은 동네 청년들이 바닷가에 있는 등돌을 옮기는 힘겨루기를 했다. 아무도 무릎 위 넘어까지 들어 올리지 못하는 돌을 김용택 씨가 한

물이 맑아 바닷속 바위와 모래가 훤히 들여다 보이는 한담 바닷가.

팔로 겨드랑이에 끼고 뭍으로 올라왔다는 것이다. 그 돌이 아직도 그 자리에 있다.

집을 팔고 고향을 떠나 인근 애월리 등으로 옮겨간 마을 사람들은 20여 년 세월이 지나도록 고향을 잊을 수 없었다. 이들이 돈을 모아 바닷가에 망향비를 세웠다.

눈 감으면 이제도 파도 소리 물새 소리 들리는 내 고향 한담동.
꿈엔들 잊을쏘냐. 어린 시절 태우 배 타고 물 내리면 짓동 모래밭에서 조개 잡는데
하늣여코지 저 멀리서 해녀 숨비 소리 숨 가쁘네.
하루 종일 용드랑 물에서 멱 감던 추억들이여…….

'짓동 모래밭'은 두어 가족이 물놀이하기에 적당한 크기로, 물이 얕아 지금까지 한 번도 물놀이 사고가 나지 않았다는 백사

너무 아름다워 잃어버린 마을

• 옛 베릿내 주민들이 세운 유적비.
• 옛 한담 주민들이 세운 망향비.

장이다. '하늣여'는 소라, 미역 등이 지천으로 깔려 있다고 해서 '많다'는 뜻의 '한' 자가 붙은 '물속 바위 군락'(여)의 이름이다. 한담 바닷가 바위들은 모양이 '만물상'을 닮아 바위마다 이름이 붙어 있다. 맑은 바닷물과 아름다운 바위로 장식된 해안길이 한담의 아름다움을 더해준다.

너무 아름다워서 잃어버린 한담 마을. 사람들은 떠나고 마을은 쥐 죽은 듯 고요하지만, 한담의 올레길을 찾는 이들은 한담 바닷가의 아름다움에 넋을 잃는다.

12
은둔의 도읍지 성읍

5백 년 도읍지는 은둔의 땅처럼 외부와 소통이 단절된 상태가 한동안 유지됐다. 조선 세종 4년(1423년) 정의현의 도읍지가 된 서귀포시 표선면 성읍리는 이 지역 행정의 중심지였다. 그러나 일제강점기인 1914년 정의현과 대정현이 제주군으로 합병되면서, 도읍지의 지위를 상실한 채 쇠락의 길을 걸었다.

성읍리는 1915년 제주군이 폐지되고 도제島制가 실시되면서 표선면의 면 소재지였다가, 1934년에는 면 소재지도 표선리로 옮기게 되면서 행정적인 지위를 잃게 됐다. 자연히 "글 읽는 소리 뚝 끊겨 옛 풍류 사라진"(오문복의 시 「영주풍아瀛洲風雅」 중에서) 마을이 된 것이다. 제주도의 해안을 따라 건설된 일주도로

마저 표선리를 통과하면서 다른 지역과의 소통도 단절될 수밖에 없었다.

성읍리에 처음 버스가 들어온 것은 1966년. 그것도 겨우 하루 한 번 들어오고 나간 것이다. 버스가 마을에 들어올 시간이 가까워오면 아이들은 이 마을에서 가장 높은 곳인 정의현청 뒤 느티나무에 올라가 버스가 어디쯤 오고 있는지를 나무 아래 있는 아이들에게 중계하거나 땅바닥에 귀를 대고 버스의 경유 지점을 추측해내곤 했다. 교통이 원활하지 않던 당시, 버스가 도착하면 동네 사람들은 어른 아이 할 것 없이 정류장에 몰려 나가 신기한 일이라도 대하듯 어떤 사람들이 마을에 들어왔는지 살필 정도였다고 한다.

조선 태종 16년(1416년) 제주도는 제주목, 대정현, 정의현으로 3읍 체제를 갖추게 된다. 정의현의 애초 도읍지는 성산읍 고성리였으나, 고성리의 위치가 현의 동쪽에 치우쳐 있어 행정적으로 불편하고 우도를 통한 왜구의 침입이 그치지 않아 성읍리로 옮기게 됐다. 성읍리는 영주산을 주산으로 동서쪽에 좌보미 오름, 장자 오름, 도리미 오름, 아부 오름 등이 있고, 남북으로는 남산봉, 백약이 오름, 개 오름 등이 마을을 감싸고 있다. 또 제주에서 가장 긴 하천인 천미천이 마을을 감아 도는 형태를 보이고 있다.

지금은 새로 복원된 건물이 두어 채에 불과하지만, 이형상 목사의 「탐라순력도」에는 관아의 다양한 건물이 모두 그려져 있어, 정의현의 규모가 적절한 품격을 갖추고 있음을 알 수 있다. 현감의 근무처인 일관헌日觀軒, 향리의 집무청인 향청, 현의 부속 건물인 무학청, 진사청, 군관청, 가솔청, 작청, 군기고, 대동고, 평옥고, 형옥 등이 있었다. 또 조정에서 내려온 관리들이 묵었던 객사인 영주관瀛洲館, 유생들의 구심체인 정의 향교와 정자도 세워졌다.

성읍에는 물이 귀하다. 제주도 전역에 흔하게 널려 있는 용천수가 이곳에는 없다. 주민들은 천미천의 물을 이용했으나, 현감은 전용 우물을 이용했다. 현청 근처에 땅을 파고 주변에 돌을 쌓아 한라산에서 암반을 타고 흘러내린 물이 고이도록 물통을

● 위
영주관 뒤의
1천 년 된 느티나무.

● 아래
정의현 관아의
전용이던 '원님 물통'.

일관헌보다 규모가 더 컸던 영주관.

만들어놓았다. 주민들은 사용할 수 없었던 '원님 물통'은 아직 원형을 그대로 간직하고 있다.

정의현 관아 주변에는 아직도 1천 년 묵은 느티나무를 비롯해 아름드리나무들이 버티고 서 있다. 정의현성이 세워질 당시 이 일대는 숲을 이루고 있었고, 관아 건물들을 짓는 데 이 일대의 나무들이 목재로 사용됐으리라 추정된다.

남문을 들어서면 곧게 뻗은 길이 객사로 이어진다. 조정에서 내려온 관리들이 남문을 거쳐 곧바로 객사에 들어 짐을 푼 뒤 현청으로 이동할 수 있도록 배치돼 있다. 특히 객사인 영주관의 규모가 동헌인 일관헌보다 훨씬 커, 조선 초기에 왕권이 얼마나 강했는지를 미루어 짐작할 수 있다.

전국의 객사에는 임금을 상징하는 전패殿牌가 모셔져 있었다. 왕의 초상을 대신하는 것으로, '대궐 전殿'자가 새겨져 있어 '전패'라고 불렀다. 지방에 출장을 간 관원이나 지방 수령이 동지, 설, 왕의 생일, 하례 의식 등이 있을 때 아래 관원들과 함께 배

성읍 최고 부자였던 조씨 집.

례했다. 왕의 상징인 만큼 매우 엄하게 관리돼, 이를 훔치거나 훼손한 자는 본인은 물론 일가족을 처형했으며, 그 고을은 혁파되고 수령은 파면됐다. 영주관에도 전패가 모셔져 있었다. 일제강점기 전국의 객사에 있던 전패가 일제에 의해 모두 불태워졌으나, 이곳 성읍에서는 유림들이 전패를 숨겨 온진하게 보존됐다. 현재 제주시 향교에 보관돼 있다.

관아를 제외하고는 모든 건물이 초가다. 정의현에서 가장 부자이던 조씨 집안 주택의 경우, 보기 드물게 안거리, 밖거리, 모커리, 쇠막(외양간), 연자방앗간 등 다섯 채에 이르는 규모임에도 모두 초가인 점으로 미루어, 당시 제주도에서는 기와가 귀한 물건이었던 모양이다. 방앗간을 전용으로 가진다는 것은 그만큼 수확하는 곡식이 많았다는 뜻이니 대지주임을 알 수 있다. 일제 때 와세다 법대를 나와 오사카에서 노동운동 지도자로, 해방 후 제주도에서 인민위원회 간부로 활동했던 조몽구趙夢九도 이 집안 출신이다.

성읍 정의현 관아 안에 있던 안할망당.

관아 안에 당이 들어서 있는 것도 눈에 띈다. '관청 할망당'이다. 당집 안에 보관돼 있던 목판에는 "세종 5년 정의현의 읍지로 설정될 때 초대 현감이 현의 수호신으로 모시고 관과 민이 일치하여 봉안했다"는 내용이 기록돼 있었다고 한다. 유교 국가이던 조선의 관아에 신당이 세워졌다는 것은 제주도의 민간신앙을 관이 받아들였다는 것을 의미한다. 속설에는 어느 현감의 부인이 몹쓸 병에 걸렸는데 현감의 꿈에 '할망'이 나타나 당을 지으면 병이 나을 것이라고 해, 관아 안에 할망당을 모신 뒤 부인의 병이 나았다는 것이다.

민간신앙의 뿌리가 깊은 지역이어서 그런가. 성읍에는 도내에서 두 번째로 개신 교회가 세워져 100년이 넘는 역사를 자랑하고 있으나, 교인은 10여 명에 불과하다. 성읍교회는 이기풍 목사에 의해 1908년 도내에서 최초로 성내교회가 설립된 이듬해인 1909년 이곳에 들어섰다.

제주도에서는 통시(뒷간)에 돼지막이 있고, 화장실로 사용하는 곳은 지붕 없이 사람이 앉아 있는 모습이 보이지 않을 정도로만 야트막하게 돌을 쌓는 것이 보통이다. 차라리 돼지막에는 지붕을 만들어놓지만 사람이 잠깐 들어가 일을 보는 곳에는 지붕이 없다. 그런데 이 마을 통시에는 지붕이 얹혀 있어 성읍의 독특한 취락 구조를 보여준다. 성읍만의 점잖은 선비 문화의 소산일까?

창민요가 남아 있는 것도 특이하다. 대정현은 물론 제주 목관아가 있던 제주시에서도 사라진 민요가 성읍에는 전해지고 있는데, 그 배경이 무엇일까. 이번 탐방의 안내를 맡은 이 마을 출신의 강문규 전 『한라일보』 논설실장은 다른 지역에서는 신작

단정한 초가 지붕이 있는
조씨 집안의 통시.

외양만 복원된 정의현 성곽.

로가 뚫리고 새로운 교통수단이 등장하면서 옛 문물과 풍류가 급속히 사라진 반면, 성읍은 일제강점기 이후 철저히 새로운 문명으로부터 고립돼 있었기 때문이리라 분석한다.

다른 객사들처럼 정의현에도 많은 관리와 선비들이 다녀갔다. 그들이 이곳에 머무는 동안 시를 써 동헌과 객사에 걸어 놓기도 하고, 주연을 베풀며 관기들과 어울려 춤을 추고 노래를 불렀다. 그러나 유독 성읍에 '봉지가', '용천검', '관덕정 앞', '중타령', '사랑가', '계화 타령' 등 다른 마을에서는 들을 수 없는 창민요가 남아 있다.

봉지(꽃봉오리)가 진다. 봄철 낭(나무) 아래 봉지가 진다…….
― 봉지가

옛다 요년 돈 받아라. 아기종 걸어서 신新목사 홀리레 나간다…….
― 계화 타령

성읍 마을 주민들이 새로 이을 초가의 집줄을 놓고 있다.

해설을 하던 도중 강문규 실장이 불러젖힌 노래다. 정의현을 찾았던 관리들과 관기들이 부르던 창민요가 성읍 출신 인사들에게 전승된 것이다. 민요만 전승된 것이 아니라 풍류도 함께 전해져, 최근까지도 이곳 주민들은 끼리끼리 모여 밤늦도록 허벅장단과 장구, 북에 맞춰 춤과 노래를 즐기곤 했다는 것이다. 예전의 풍류가 남은 탓에 성읍 마을은 한라문화제 최다 출연 마을로 꼽힌다. 성읍 민요를 한데 묶은 '정의 고을 들노래'는 전국 민속 경연에서 금상을 수상하기도 했다.

성읍 마을은 1980년 제주도 민속자료 제5호로 지정된 뒤, 1984년에는 중요 민속자료 제188호로 지정돼 국가 지정 문화재로 승격됐고, 성곽과 동헌인 일관헌, 객사 등이 복원됐다. 무형문화재로는 중요무형문화재로 '제주 민요'가, 도 지정 무형문화재로 오메기술, 고소리술, 성읍리 초가장 등이 지정됐다.

그러나 복원 과정에 문제도 많았다. 복원된 성곽에는 외부에서 성을 넘어 들어오지 못하도록 눈썹처럼 튀어나온 '여장女牆' 이나, 성곽 위에서 외부 침입자들을 공격하기 위해 활을 쏠 수 있는 구멍인 '사대射臺'가 만들어지지 않은 채 겉모습만 복원 됐다. 동향으로 지어져야 할 일관헌은 남향으로 앉혔다. 초가는 육지의 업체가 복원 사업을 맡는 바람에, 육지식으로 복원돼 제주 초가의 원형이 망가지고 말았다. 100여 년 전 마을 초입에서부터 끝까지 길가에 심어놓은 왕벚나무는 마을길이 새마을운동 등으로 확장되는 과정에서 이미 잘려 나갔다.

이뿐 아니다. 유형의 문화재는 민속마을로 지정되면서 많은 문제를 안은 상태로나마 일부가 복원됐으나, 무형문화재는 전승 보전되지 않고 있다. 민요나 고소리술 외에 멍석이나 지게, 나무 신, 우장 등 목공예, 짚풀 공예는 제외돼 있다. 뒤늦게 초가 짓기 기능을 가진 '초가장'은 문화재로 지정돼 그나마 다행이지만, 다른 기능의 장인들은 지정되지 않아 맥이 끊길 우려가 크다.

대표적인 제주도의 관광 명소 중 하나인 성읍 민속마을은 진가를 가득 품고 있으면서도 일부만을 드러내고 있는 셈이다. 성읍이 간직하고 있는 민속문화적 가치는 눈에 보이는 것들이 아니다. 세월이 흐르면서 사라져버릴 무형의 문화자산들을 잃기 전에 취해야 할 조처들이 적지 않다. 우리가 찾아내어 그 가치를 인식하고 잘 다듬어 후대에 물려주어야 할 귀중한 보물들이다.

13

회을 김성숙과 청보리

가파도

모슬포항에서 5.5킬로미터, 뱃길로 20분 거리의 가파도는 태평양에 납짝 엎드려 있었다. 상동항에 내려 해안을 따라가는 동안 보이는 바위들은 제주도 전역을 뒤덮고 있는 현무암이 아니라 '조면안산암'이다.

용암이 흐르면서 굳어 만들어지는 암석은 마그마의 화학 성분에 따라 현무암, 조면암, 조면안산암 등으로 달라진다. 가파도의 바위와 돌멩이들은 산방산, 백록담 부근, 영실 일대의 바위와 같은 암석들이다. 집담이나 밭담도 그래서 구멍 숭숭 뚫린 현무암이 아니다. 동글동글하고 표면이 거칠지 않아 담을 한 줄로 쌓기가 현무암보다는 쉽지 않을 것 같다. 납작납작하게 생긴

● 좌
동글동글한
조면안삼암으로
이루어진 가파도 돌담.

● 우
구멍 뚫리고 각진
현무암으로 이루어진
본섬 돌담.

게 그나마 다행이다.

가파도는 독립운동가 회을悔乙 김성숙金成淑(1898~1969) 선생의 고향이다. 김성숙 선생이 설립한 '신유의숙'의 후신 가파 초등학교로 가는 길은 18만 평의 청보리밭이 풍기는 싱그러움과 초록빛으로 온통 물들어 있었다. '청보리밭 산책로' 표지판을 따라가는 길은 돌담을 경계로 초록빛 물결이 가득한 청보리밭과 돌담 밖 길가의 유채꽃이 조화롭다. 그런데 이 길을 '예쁘게' 포장해놓을 착상은 어디서 얻은 걸까. 그리 넓지 않은 흙길에 부드러운 잡초가 드문드문 깔려 있었다면 얼마나 좋을까. 아쉽다.

김성숙 선생은 해방 후 김구, 김규식과 함께 1948년 평양에서 열린 '남북 정당사회단체 지도자 협의회'에 참석했던 거물이다. 대정 소학교를 거쳐 현 경기고등학교의 전신인 경성 고등보통학교에 입학했다가 3·1 만세 운동으로 구속됐다. 학교마저 퇴학당한 뒤 고향 가파도로 돌아와 1921년 '신유의숙'을 설립하고 당대 도내의 민족주의자들을 초빙해 제자들을 길러냈다. 신유의숙 덕에 당시 가파도에는 문맹자가 없었다고 한다.

'예쁘게' 포장해놓은 길(위)와 폭신한 흙길(아래) 중 어디를 더 걷고 싶을까.

이후 김성숙은 일본 와세다 대학에 유학하면서 비밀결사 조직을 만들기도 했다. 김성숙은 4·19혁명 직후 한국사회당 후보로 총선에 나서 자유당 출신의 현오봉을 누르고 제주도 3개 선거구에서 최고 득표로 민의원에 당선됐다. 국회의원 시절 4·3 진상 규명 운동에 나서기도 했고 진보 정당을 창당하기도 했으나, 박정희 군사정권의 탄압으로 두드러진 성과를 거두지는 못했다.

가파도나 마라도는 둘 다 화산 폭발로 생긴 섬이지만, 마라도는 독립 화산체인 반면 가파도는 제주 본섬의 화산 폭발로 만들어진 지형이다. 가파도에 사람이 살기 시작한 것은 1842년 흑우를 기르기 위한 국유 목장이 만들어지면서부터였다. 한때 주민이 1천여 명에 이르기도 했으나, 지금은 180여 명이 살고 있다.

가파도 주변 해역에는 물살이 세 미역도 실하고 고기들도 맛이 있다. "물살이 거센 것처럼 이곳 사람들도 거세, 고등학교 시절 이곳에 놀러 왔다가 실컷 두들겨 맞고 돌아갔다"고 일행 중 한 사람이 얘기했는데, 그 말을 믿을 수 없을 만큼 인심이 좋다. 식당에서 해삼을 주문했더니 미역과 모자반을 수북하게 내놓는다. 항구 대합실 앞에서 미역과 모자반을 파는 해녀 할머니도 비닐 봉투가 터져라 미역을 담아준다.

해발 18~22미터로 평평한 이 섬에는 자그마한 언덕도, 그럴 듯해 보이는 나무도 없다. 바람의 흐름을 막을 구조물도 없어 얼마 전 이 섬에 풍황 측량기가 세워졌다. 거의 해상 풍력 수준의 질 높은 발전이 가능할 것으로 여겨 그랬으리라.

신유의숙의 후신인 가파초등학교.

가파도행 배에서 바라본 가파도.

　조금 안타까운 것은 고인돌로 추정되는 135기의 바위들이 최근에 고인돌이 아닐지도 모른다는 의심을 사고 있다는 점이다. 패총이 있는 것으로 미루어 기원전 100년에서 서기 200년 사이 인류가 살았으리라 추정할 수 있다는 것인데, 그렇다면 이 바위들이 고인돌일 가능성이 있는 것 아니냐는 생각이 들었지만, 전문가들의 판단은 다른 모양이다.

　섬 속의 섬 가파도는 걸출한 인물들을 배출했다. 김성숙 외에도, 상하이 임시정부에 군자금 송금 활동을 벌였던 의사이자 사회사업가이며 여성운동가 고수선高守善, 사회주의 계열의 독립운동가 김한정金漢貞, 이도일李道一, 향토사학자 김태능金泰能 등이다. 매년 5월이면 이곳에서는 청보리 축제가 열린다. 이곳을 찾는 외지인들은 섬 가득 초록으로 덮인 이국적인 모습을 한껏 즐길 것이다. 그들도 이 섬이 낳은 인물들이 꾸었던 민족 독립의 꿈을 만날 수 있을까.

회을 김성숙과 청보리　135

14
제주도에서 명당은 어디일까

체 오름

'풍수지리', '명당', '음양오행'. 친숙하면서 어색하기도 하고, 잘 알 것 같으면서도 정작 정확하게 알지 못하는 단어들이다. "제주도에서 명당은 어디일까"에서 시작된 호기심은 풍수지리의 기본을 가장 잘 드러내주는 현장으로 우리를 이끌었다. 풍수지리사인 안선진 제주관광대 교수의 안내에 따라 '체 오름'을 향해 길을 떠났다.

풍수지리적 관점에서 본
체 오름

　구좌읍 송당리 체 오름. 시멘트 포장길을 따라 들어가 말굽형 분화구의 터진목으로 들어섰다. 철쭉과 동백나무가 빽빽하게 서 있는 너비 2~3미터의 길은 키 작은 풀로 덮여 있다. 촉촉하게 젖어 있지만 질척거리지는 않는다. 조금 전까지 불어대던 바람도 사라졌다. 뭔가 말로는 표현하기 어려운 포근함이 느껴진다. 따뜻하고 부드러운 기운이 몸을 감싸는 듯한 느낌이랄까. 분화구 입구로 들어서기 전과는 전혀 다른 분위기다. 이런 기운은 어디서부터 오는 것일까?
　체 오름은 곡식을 거르는 '체' 모양을 하고 있어서 붙은 이름이라고 한다. 삼태기(골체)를 닮기도 해 '골체 오름'이라고도 부른다. 체 오름의 얼굴에 해당하는 ㄷ자형 분화구는 북동쪽을 향해 터져 있는 말굽형이다. 화구가 워낙 크고 깊어 평지에 분화구가 넓게 펼쳐져 있고, 화구벽이 오름 자체를 형성하고 있는 모양새다. 동에서 서를 향해 평지에 나 있는 진입로를 따라 걸어 들어가면 바로 분화구 바닥에 이르게 된다.
　조금 더 들어가자 분화구 바닥이 넓게 펼쳐지고, 수직에 가깝게 가파른 화구벽이 울창한 숲을 이룬 채 삼면을 둘러싸고 있다. 분화구 바닥은 얼핏 보기에도 직경이 500미터는 족히 됨 직한 데다, 화구벽은 50미터쯤 되는 높이로 둘러싸고 있어 천연 요새 같은 형상이다. 2차대전 당시 일본군이 이곳에 주둔했다는 것이 이해가 간다. 당시의 콘크리트 구조물이 남아 있다.

 분화구 안쪽에 서 있는 담팔수 한 그루가 눈에 띈다. 나무 아래에 50여 명은 족히 앉을 수 있을 만큼 가지를 풍성하게 펼치고 있다. 기품 있게 생긴 모습 또한 예사롭지 않다. 안 교수의 설명은 이렇다. 바람도 막아주고, 땅도 좋은 데다, 땅에 생기까지 있어 그렇다는 것이다. 이 생기는 나무 동쪽에 혈이 뭉쳐진 자리에서 나오는 것이라고 한다.

 명당이란 겨울에는 차가운 바람을 막아주어 따뜻하고 여름에는 시원한 바람이 들어와 생기를 머금어야 한다. 물이 풍부하면서도 습도가 적당히 유지돼 습하지 않는 곳이다. 그래서 오래도록 싫증이 나지 않고 사람이 오래 머물고 싶은 건강한 땅을 말한다. 이런 조건은 음陰과 양陽이 조화를 이루어야만 가능하다.

● 체 오름의 넓은 분화구 바닥. 오른쪽에 일본군이 주둔했던 흔적이 남아 있다.

기품 있게 생긴 분화구 안쪽의 담팔수.

풍수지리에서 기본은 산과 물이다. 산은 정지해 있는 것이어서 '음'이고 물은 흘러 움직이는 것이어서 '양'이다. '정靜'인 여자는 '음'이고 '동動'인 남자는 '양'이다. 음인 여자와 양인 남자가 만나 자손을 얻듯이, 산의 음과 물의 양이 조화를 이루어 혈穴이라는 열매를 맺게 된다. 삼라만상이 음양의 조화로 이루어지는 것과 같은 맥락이다.

풍수지리는 음양오행을 바탕으로 정리한 학문으로, 천지 운행의 기본 법칙을 파악해 인체의 생명 활동과 자연계 변화의 법칙을 찾아가는 것이다. '풍수'라는 말은 '바람을 가두고 물을 얻는다'(장풍득수藏風得水)는 말에서 유래했다. 사람은 '기氣'를 받아야 하는데, 이 '기'라는 것은 바람을 타면 흩어지고 물을 만나면 멈추는 것이어서, 바람을 가두고 물을 얻음으로써 기를 받기 위한 도구가 곧 풍수라는 뜻이다.

이제 체 오름을 오를 차례다. 말굽형 분화구의 터진목 오른쪽 사면을 올랐다. 분화구를 마주하고 오른쪽으로 뻗은 능선에서

주봉인 현무와
좌청룡 우백호

는 나무가 앞을 가리지 않아 화구벽 전체를 조망할 수 있다. 안 교수의 설명이 이어진다. 터진목을 마주한 화구벽에 봉긋 솟아오른 작은 봉우리가 체 오름의 주봉인 현무玄武다. 현무를 중심으로 오른쪽으로 흘러내린 맥에도 작은 봉우리 두 개가 보인다. 이것이 우백호右白虎다. 왼쪽으로 흘러내린 맥은 좌청룡左靑龍이다. 우리가 올라온 능선이다.

분화구 안으로 들어설 때 진입로 부근 지점에서 느꼈던, 뭔지 알 수 없는 포근한 기운은 거기가 "우백호의 가슴 속살"에 해당하는 지점이어서 그렇다는 것이 안 교수의 설명이다. 체 오름의 얼굴에 해당하는 전면 중에서도 생기가 모여 있는 가슴 안쪽이라는 것이다.

좌청룡의 지맥이 끝나는 지점에는 평평하고 넓은 들이 만들어졌다. 풍수지리학의 전문용어로는 '당판'이라고 한다. 체 오름의 주봉인 현무에서 왼쪽으로 뻗어 내린 지맥이 체 오름을 향해 흘러 들어오는 '구곡수九曲水' 때문에 더 나아가지 못하고 평평한 당판을 이룬 것이다. 물을 만나 더 뻗어 나가지 못한 생기가 이곳에 머물게 된다.

특히 구곡수는 '갈 지之'자나 '검을 현玄'자 모양으로 '구불구불 흘러 아홉 번 굽은 물'을 이르는 말로, 매우 귀한 물이다. 여기서 '물'은 지표면을 흐르는 것이 드러나 보이지 않더라도 수맥이나 물 기운, 비가 오면 물이 흐르는 곳을 모두 포함한다. 안 교수는 "좌청룡의 지맥이 물을 만나 당판을 이룬 것은 체 오름의 모든 생기가 좌청룡에 몰려 있음을 뜻하는 것"이라고 덧붙인다.

이곳 당판에는 많은 생기가 모인다. 맑은 산의 기운과 구곡수가 만나 음양이 조화를 이룬 탓이다. 그래서 안 교수는 "가만히

● 위
좌청룡 아래에 자리한 당판.

● 아래
실제로 당판에 내려와서 보면 이렇게 널찍하다.

우백호의 능선을 따라 내려오는 길에서 본 안돌 오름과 밧돌 오름.

눈을 감으면 산이 등 뒤에서 안아주고 물이 얼굴 앞에서 감아주는 조화를 느낄 수 있다"고 했지만, 거센 바람이 부는 당판에서 눈을 감고 마음을 모을 여유는 없었다.

체 오름에 생기가 많은 이유는 산과 물이 만나 이루는 음양의 조화 외에도, 체 오름이 주변 오름의 생기를 모아 만들어졌기 때문이다. 한라산 동쪽 사면의 지맥 가운데 거슨새미 오름에서 체 오름으로 생기가 이어진다. 또 안돌 오름과 누운 오름의 지맥도 체 오름으로 흐른다.

주거지인 양택지陽宅地와 묘지인 음택지陰宅地를 통틀어 좋은 땅은 어떤 곳인가? 한마디로 음양이 조화를 이룬 땅이어야 한다. 우선 뒤에는 산이 있고 앞에는 물이 있는 배산임수背山臨水여야 한다. 좁은 의미로는 앞이 낮고 뒤가 높은 지형이 좋다. 느낌만으로도 뒤가 높아 바람을 막아주고 앞이 시원하게 트이는 지형이 좋아 보이지 않는가?

오름 경사면에 있는 묘.
왼쪽의 묘 두 기 사이에
땅이 내려앉은
모습이 보인다.

산에는 얼굴에 해당하는 전면과 등에 해당하는 배면이 있다. 완만한 능선과 밝고 부드러운 선을 갖춘 쪽을 산의 얼굴로, 어둡고 험하고 가파른 쪽을 등으로 볼 수 있다. 전면은 바람을 막아주어 아늑하고, 배면은 바람을 받기 때문에 춥고 험하다. 좋은 자리는 전면에 있을 법하다.

좋은 터는 생기를 받아야 하기 때문에 맥이 연결된 자리여야 한다. 맥이 흐르는 중간 지점이 아니라 마지막 감아 도는 지점이어야 한다. 능선 위는 집이건 묘지건 좋지 않다. 좋은 자리란 능선이 끝나 평탄한 곳을 이른다. 능선의 경사면은 빗물에 흙이 쓸려 내려가게 돼 기초가 무너질 수 있음은 당연하다.

물길만을 놓고 보면 물길이 감아 도는 안쪽이 얼굴 면이고 바깥쪽은 등 면이 된다. 물이 감싸는 안쪽은 바람과 물의 흐름이 잔잔해 아늑하고, 반대쪽은 물과 바람의 흐름이 강해서 운기가

제주도에서 명당은 어디일까 **143**

안선진 교수의 설명을 듣고 나서, 일행 중 한 사람이 수맥이 흐르는 바퀴 자국을 피해서 걷고 있다.

흩어진다. 도로는 사람과 차량이 다녀 움직이는 기운이므로, 흐르는 물과 같이 '양'으로 해석한다. 도로도 물길과 마찬가지로 감아 도는 안쪽이 얼굴 면이다.

그러나 수맥이 흐르는 땅은 좋지 않다. 그래서 그런지 개는 수맥 위에서는 절대로 잠을 자지 않는다고 한다. 수맥 위에 집을 지을 경우 건물에 세로로 금이 생기고, 인체에도 좋지 않은 영향을 미친다. 단백질 합성을 막아 항암 기능을 떨어뜨리고, 칼슘 합성을 방해해 골다공증이 생길 가능성이 커진다.

자동차가 다니는 길은 건강한 땅이었다 해도 수맥이 생기게 된다. 흐르는 물이 물길을 바꾸는 것은 얼마든지 가능하기 때문이다. 비포장 도로를 걸을 때는 바퀴 자국이 생긴 곳을 피해 걷는 것이 좋다. 바퀴가 지나다닌 자리에 수맥이 형성되기 때문이다. 바퀴 자국은 비가 내리면 진창길이 돼 당연히 피하게 되지만, 땅이 말랐더라도 수맥 위인 것은 마찬가지다.

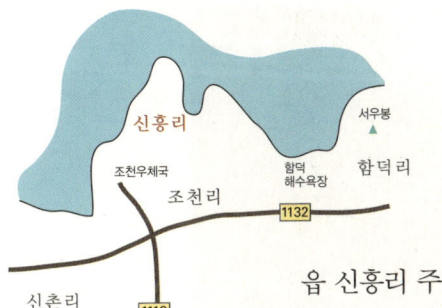

신흥리 바닷가와 죽성 마을

땅의 모양이나 지세가 기를 모으는 힘이 부족할 때 땅의 힘을 보충하는 것을 비보풍수裨補風水라고 한다. 조천읍 신흥리 주민들은 마을 뒤를 받쳐주는 산이나 오름이 없어 지세가 허한 반면 바다는 마을 안으로 깊이 들어와 있어 마을에 재앙과 나쁜 기운이 들어온다고 믿었다. 그래서 마을 앞 바다에 탑을 세웠다.

50년 전 북서쪽 바닷가와 방파제 부근에 탑 2기를 세웠는데, 이후 다시 3기를 추가로 세웠다. 북서쪽 탑은 위쪽을 불룩하게 하고 돌을 얹어 '양탑陽塔'으로 해석하고 '오다리탑'이라고 부른다. 방파제 부근 탑은 위쪽을 오목하게 쌓아 '음탑陰塔'으로 해석한다. 탑 위가 오목해 새들이 자주 앉는다고 해서 '생이탑'

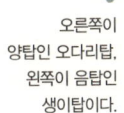

오른쪽이 양탑인 오다리탑. 왼쪽이 음탑인 생이탑이다.

제주도에서 명당은 어디일까

죽성 마을 안길. 야트막한 돌담과 좁은 길이 어우러져 아늑해 보인다.

이라고도 부른다.

체 오름에서 풍수지리의 기본을 보고 신흥리 바닷가에서 허한 기운을 보충하는 풍수를 접한 뒤, 우리는 사람이 살기 좋은 명당으로 이동했다. 제주시 오등동에 있는 죽성 마을. 4·3 때 초토화작전으로 사라진 마을이다. 과거에는 제주읍 오등리의 자연마을 중 76호로 가장 인구가 많아 오등리의 중심이었다. 그러나 중산간 마을이라 초토화의 광풍을 피할 수 없었다. 마을 주민 30여 명은 끌려가 총살당했다.

살아남은 사람들은 아랫마을 '오드싱'을 중심으로 재건 생활을 했지만, 죽성은 끝내 잃어버린 마을이 되고 말았다. 일부 올레와 돌담, 집터 뒤의 대나무 등이 남아 있어 마을이 있던 흔적을 보여주고 있다.

죽성은 한라산의 얼굴인 북쪽 사면을 타고 흘러내리는 생기를 한 몸에 받고 있는 마을이다. 산지천의 작은 물줄기들이 마을 동쪽을 흐르고 있어 음양의 조화도 뛰어나다. 안 교수는 워낙 건강한 땅이어서 마을을 복원해도 좋고, 지금 당장 들어가 살아도 좋은 양택지라고 한다. 특히 덕흥사 서쪽으로 흐르는 지맥의 생기가 건강하다.

자연의 일부로 자연 속에 살아온 인간은 자연의 법칙에 따르는 것을 마땅한 일로 여겼다. 거친 자연환경으로부터 건강하게 살아남기 위한 지혜도 자연에 기대어 체득했다. 풍수지리는 자연스럽게 받아들여지는 측면이 있다. 어려운 용어와 이론은 접어두고라도 느낌으로 먼저 다가오기 때문이다. 생기 넘치는 오름을 찾아 오르며 건강한 기운을 받을 수 있는 것은 제주가 주는 또 하나의 선물이다.

15

옛사람들이 남긴
돌 문화재

 제주의 돌, 사방을 둘러봐도 흔하디흔한 돌, 땅을 파도 파도 끊임없이 나오는 돌. 거대한 암석에서 잔돌에 이르기까지, 돌은 제주 사람들의 삶과 제주의 역사에 빼놓을 수 없는 존재였다. 돌은 과연 제주 사람들의 삶에 얼마나 큰 영향을 어떻게 미쳤을까. 우리 선조들은 돌을 어떻게 활용했을까.

동자복 서자복

 제주성을 지키듯 제주성 밖 동서쪽 언덕에서 마주보고 서 있는 '동자복' '서자복'은 미래불인 '미륵상'인가, 재물 복을 안겨주는 '자복資福상'인가. 제주시 동쪽의 건입동 산지 포구가 내려다 보이는 언덕과 서쪽의 용담동 동한두기 언덕 위에 서 있는 동자복과 서자복은 3미터 남짓한 우람한 키에 차양이 둘러진 모자를 썼다. 커다란 귀와 우뚝한 코, 꼭 다문 입에 부드러운 눈매로 제주 시내를 내려다보듯 서 있다. 주민들은 '복신미륵', '자복미륵', '자복신', '돌미륵' 등 여러 이름으로 부른다.

소매가 길게 늘어진 예복을 입고 두 손은 가슴에 모으고 서 있는 모습은 미륵상을 연상케 한다. 제주성 안 백성들은 자신들을 감싸 안는 듯 자애로운 미소를 머금은 미륵상을 보고, 미래 세계의 행복을 기대하며 현세의 고통을 잊었을지도 모른다. 또 다른 이름인 자복상으로서, 바다와 더불어 살아온 주민들의 무사 안녕과 풍성한 수확을 기원했던 신상일 수도 있다. 고대 탐

● 좌
건입동의 동자복.
동자복 앞에 있던
개인 주택이 헐리면서
본래의 위치를
되찾았다.

● 우
용담동 용화사에
있는 서자복.

라 시대에 육지부와 왕성하게 교역했던 제주성 동서쪽 포구 근처에 세워졌다는 점에서 그렇다.

제주성 안 백성들을 동서쪽에 마주 서서 지키고 있던 자복상은 이제 고층 건물들이 들어선 제주시의 원原도심을 지키기에 힘에 부쳐 보인다. 하지만 약간의 공간을 확보해 앞이 제법 트인 언덕에 우람한 모습으로 버티고 있는 동자복을 보면서 문득 떠오른 생각. 미국 뉴욕의 '자유의 여신상'이나 브라질 리우데자네이루의 '예수상'처럼 당시 주민들은 동자복과 서자복을 제주의 랜드마크로 여겼던 것은 아닐까?

화천사의 다섯 석상

제주시 회천동 화천사 경내에는 '석상 5기'가 모셔져 있다. 60~65센티미터 높이의 현무암 석상은 모두 5개로, 돌의 모양에 따라 각각 다른 얼굴을 하고 있다. 눈, 코, 입을 음각으로 새기고 얼굴 형태를 자연스럽게 표현하고 있어 편안한 느낌을 준다.

이 석상은 보는 이에 따라 다르게 해석할 수 있는 여지를 남겨두고 있었다. 사찰에 모셔져 있으니 '불상'이라고 할 수도 있고, 이곳에 오기 전에는 당에 모셔져 있었을지도 모르니 '신상'이라고 할 수도 있을 것이다. 또한 모양도 제각각이어서, 여러 곳에 세워져 있던 것들을 한데 모아놓은 것일 수도 있다.

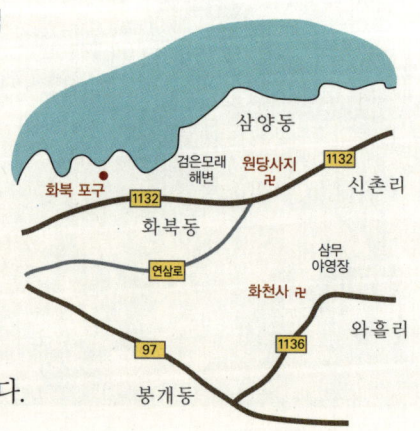

● 제주 사람들의
예술성을 보여주는
화천사의 다섯 석상.

'당 5백 절 5백' 시절, 제주 목사 이형상이 제주 전역의 당과 절을 훼철할 당시 어느 곳에인가 서 있다가 불에 타지 않은 채 남았던 것을 이곳 화천사에 옮겨 세운 것이다. 마치 피난민을 거두어들이듯 이 석상을 거두어준 불교 사찰에 대한 예의일까. 마을의 안녕을 기원하는 마을 제에서는 이 신상에 제사를 봉행하지만, 다른 마을과 달리 제물로 육류를 쓰지 않는다. 이 때문에 이 다섯 석상은 마을의 특수한 신앙석으로 해석되는 것이 일반적이다.

원당사지 5층 석탑

돌은 종교적 상징인 불탑으로도 거듭났다. 특히 제주의 돌인 현무암은 결이 질겨 조각하기가 쉽지 않다. 현무암으로 만

도내에 하나밖에 없는 불탑인 원당사지 5층 석탑.

들어진 제주시 삼양동의 원당사지 5층 석탑은 일명 '불탑사 5층 석탑'이라고 불린다. 제주에 있는 유일한 불탑이자, 보물 제 1187호로 지정돼 있다. 기단 위에 5층으로 탑신을 세운 것으로, 각 층 지붕돌의 귀퉁이 끝을 날렵하게 올린 모양의 이 탑은 고려 시대 양식을 따랐다. 지붕돌 귀퉁이마다 풍경을 달았던 구멍이 있으며, 탑의 위 3개 층 지붕돌의 구멍이 있던 부분이 떨어져 나갔을 뿐 원형이 그대로 남아 있다.

이 탑에는 한 가지 전설이 전해 내려온다. 그 전설은 이렇다. 고려 충렬왕 때 원에 공녀로 끌려가 황후가 된 기씨가 있었다. 당시 원의 순제는 태자가 없어 고민 중이었는데, 북두칠성의 명맥이 비치는 삼첩칠봉三疊七峰에 탑을 세워 불공을 드려야 한다는 승려의 비방을 받아 이곳에 원당사를 짓고 이 탑을 세웠다. 그때가 고려 충렬왕 26년(1300년)이라고 한다. 기 황후는 아들을 얻었고, 이로부터 아들을 원하는 여인들의 성지가 됐다는 것이다. 원당사는 세 차례의 화재로 소실됐고, 1914년 사찰이 중건되어 불탑사로 이름을 바꿨다.

하지만 역사적으로 고증해보면, 고려 여인 기씨는 고려의 관료였던 기자오奇子敖의 딸로 고려 충숙왕 복위 2년(1333년) 고려의 내시 고용보高龍普의 힘으로 원 황실의 궁녀가 된 뒤 순제順帝의 총애를 받아 딸을 하나 낳았다고 한다. 1335년 황후가 죽자 순제가 기씨를 황후로 책봉하려 했으나 권신權臣 바이옌의 반대로 실패했으며, 이후 기씨는 1339년 태자 아이유스리다례를 낳았고 이듬해인 1340년 4월 11일 제2황후에 책봉됐다고 한다. 특히 기씨가 정후正后가 된 것은 1365년 12월의 일이다.

화북 포구

돌은 제주를 육지부와 연결하는 통로인 포구를 설치하는 데 없어서는 안 될 자재였다. 제주시 화북동 화북 포구는 제주에

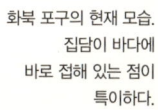

화북 포구의 현재 모습. 집담이 바다에 바로 접해 있는 점이 특이하다.

파견된 관리와 유배객들이 들어오고 여느 항구가 그렇듯이 재회의 기쁨과 이별의 아픔이 넘쳐나던 현장이다. 제주 목관아에서 5킬로미터 거리에 있어 부임하는 지방관들이나 제주목에 인계되는 유배인들이 이용하기에는 가장 가까운 포구였다.

이곳을 드나드는 이들의 안전과 왜구의 침입을 막기 위해 화북진이 이웃해 설치됐고, 진성 안에 배의 출항을 기다리던 객사 환풍정喚風亭과 바다를 감시하거나 물때를 살피던 망루 망양정望洋亭이 있었다. 포구 근처에는 배들의 입출항을 관리하던 영송정迎送亭이 있었다.

화북 포구는 조선 시대에 조천 포구와 함께 제주의 대표적인 관문이었으나, 포구가 너무 비좁아 바람이 심할 때면 배들끼리 부딪쳐 파선하는 사고가 발생할 정도였다. 영조 11년(1734년) 포구 확장 공사를 벌인 목사 김정金政(1670~1737)이 직접 등짐으로 돌을 지어 나르며 부역을 독려했다. 이 공사가 마무리될 무렵 김정은 임기를 마치고 이임하게 됐는데, 이 공사로 과로한 것이 원인이 되어 화북진 안 객사에서 숨을 거두고 말았다. 방파제 근처에 애도의 뜻을 담은 공적비가 세워져 있다.

별방진

돌은 제주를 지키는 성벽을 축조하는 데 유용했다. 조선 시대 군사 요충지에 설치된 9개의 진에는 성곽이 세워졌다. 중종 5년(1510년) 목사 장림張琳은 왜구의 침입을 막기 위해 구좌읍 하도리에 '특별 방어진지'를 뜻하는 '별방진'을 설치했다. 정의현의

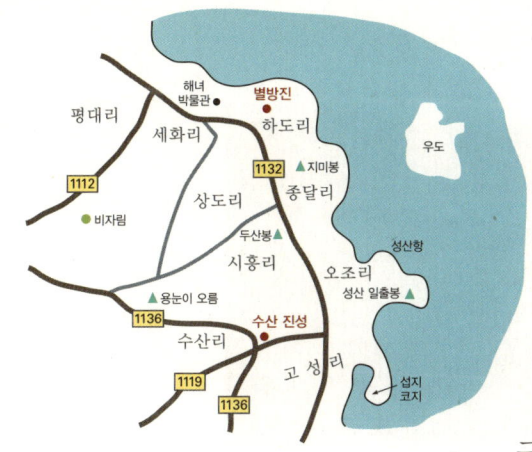

도읍을 성읍으로 옮긴 뒤 제주 동부 지역의 안보가 허술해진 것을 해결하기 위해서였다.

별방진에서는 도내 모든 진에 주둔하던 군사들이 무예 시험을 치르기도 했는데, 군사훈련과 경계를 특히 강화했던 점으로 미루어 우도에 진을 친 왜구의 침입에 각별하게 신경을 썼던 것으로 보인다. 둘레 1킬로미터의 타원형으로 높이 4미터의 성곽을 갖춘 별방진은 다른 진에 없는 공격용 치성雉城을 갖추고 있었고, 제주에 물이 귀한 탓에 성곽 주위의 해자垓子는 구덩이를 파고 물을 대는 대신 가시나무를 심었다.

문화재청에서는 별방진을 복원했으나, 고증을 전혀 따르지 않아 성곽의 기본적인 기능도 갖추지 못한 모양으로 만들어놓았다. 눈이나 비의 흡수를 막아 성벽을 튼튼하게 지켜주는 '미석眉石'이나 적의 화살을 피하는 동시에 적을 공격할 수 있는 '여장女牆'도 없이 돌로 벽만 쌓아놓은 것이다. 그것도 돌을 정교하게 깎아 당시의 성곽 모습과는 전혀 다르게 만들었으니, 이를 복원이라 할 수 없다.

복원은 철저한 고증에 따라 그 시설물이 갖추고 있던 기능과 외형을 최대한 살려내는 것이어야 한다. 비록 그 길이는 짧지만 원형이 잘 보존된 화북진을 보면, 실제와 복원됐다는 성곽의 차이가 얼마나 큰지 알 수 있다. 언젠가 성곽을 다시 허물어야 하

별방진과 하도리의 밭담.

게 생겼으니, 기본조차 갖추지 못했다는 비난을 면할 수 없다.

하도리 일대의 밭담은 다른 마을보다 큼직한 돌이 잘 다듬어진 모양인 데다 높이도 키를 넘는다. 일제가 제주항을 만들면서 제주 성곽을 헐어내고 그 돌을 이용한 사실이 떠오르는 대목이다. 이곳 주민들은 필요도 없어 보이는 별방진의 돌을 밭담으로 이용했을 것으로 보인다. 제주시 화북동의 비석거리 주변을 장식하고 있는 축대와 담장을 모양 좋은 돌로 쌓은 것도 같은 이유일 것이다.

수산 진성

조선 숙종 때 목사 이형상은 '탐라순력'길에 나섰다. 도중에 대록산 아래 산마장에서 대규모 말몰이 이벤트를 마친 다음, 성산읍 수산리 수산 진성鎭城에 들러 점심을 먹었다고 한다. 수산 진성은 보존 상태가 좋고 다른 진성들이 바닷가에 세워진 것과 달리 중산간 지역에 자리한 점이 특이하다. 모양도 다른 진성들처럼 둥근 형태가 아니라 장방형으로 만들어졌다. 성 안에는 해방 이후까지 객사와 민가들이 있었으나, 4·3 때 모두 불탔다.

지금은 수산초등학교 담장 노릇을 하고 있는 수산 진성에는 슬픈 전설이 전해진다. 이 성을 쌓을 때 돌이 자꾸 무너져 내려 제대로 쌓을 수 없었다. 끝내 공출을 내지 못한 마을 주민의 아기를 성을 쌓을 때 함께 묻은 뒤에야 성을 완성할 수 있었다는 것이다. 희생된 아기의 넋을 위로하기 위해 당을 세웠으니, 진성 동북쪽 모서리에 있는 '진안 할망당'이다. 사람을 희생 제물

● 위
높이 5미터의 수산 진성.
둘레 350여 미터의 성곽이
잘 보존돼 있다.

● 아래
수산 진성 안에 있는 할망당.

옛사람들이 남긴 돌 문화재   157

로 바쳤다기보다 축성 공사 중에 사고로 아기가 희생된 사건을 두고 전해지는 이야기가 아닐까.

끝없이 이어지는 돌담을 두고 민속학자 고故 김영돈 선생은 "중국의 만리장성을 '황룡만리黃龍萬里'라 한다면, 제주의 현무암 돌담을 '흑룡만리黑龍萬里'라 할 수 있다"고 했다. 2009년 제주대 고성보 교수가 조사한 밭담의 길이는 2만 2천여 킬로미터 (5500리)였다. 여기에 고려 때부터 조선 시대에 이르기까지 확장을 거듭한 환해장성環海長城과 말 사육을 위해 쌓은 세 겹의 잣성, 골목골목 이어지는 집담까지 합치면 흑룡'만리'는 결코 과장이 아니다.

돌은 제주 사람들의 삶 속에 다양한 방식으로 깊숙하게 자리하고 있었다. 농업에서부터 건축, 어업, 축산, 통신, 신앙, 예술, 안보, 죽음에 이르기까지, 돌은 제주의 바람처럼 늘 제주 사람들과 함께해온 제주의 상징이다. 제주의 돌은 제주의 자연이자 역사이며 문화, 그 자체였다.

16
예술로 승화된 제주의 돌

돌하르방 공원과 금능석물원

돌하르방 공원

곶자왈의 울창한 숲과 숲 사이로 난 길을 따라 돌하르방이 어우러지는 곳이 있다. 조천읍 북촌리에 있는 돌하르방 공원이 그곳이다. 제주의 상징 가운데 하나인 돌하르방을 재현하는 등 돌하르방을 주제로 삼고 있는 점 말고도 공원 내부의 곶자왈을 자연 그대로 유지하면서 공원을 조성했다는 점에서 가장 제주다운 공원으

돌하르방 공원에 재현되어 있는 돌하르방들. 위에서부터 제주목, 대정현, 정의성의 돌하르방이다.

로 평가받고 있다.

돌하르방은 1754년쯤 김몽규金夢煃 제주 목사에 의해 제주목에 24기, 대정현과 정의현에 12기씩 모두 48기가 각 도읍지의 성문 앞에 세워졌다. 대정현과 정의현 돌하르방은 성 안에 남아 있으나 제주목 돌하르방은 1960년대 말 하나둘씩 학교나 기관, 단체 등으로 흩어져버렸다.

어떤 연유로 이들 돌하르방이 옮겨졌는지는 알 수 없으나, 현재 제주대학교와 삼성혈에 각각 4기씩, 제주 시청과 KBS 제주 방송총국 입구에 2기씩, 제주도 민속 자연사 박물관에 2기, 서울 국립 민속 박물관 뜰에 2기가 서 있고, 1기는 행방이 확인되지 않고 있다. 제주도는 제주 읍성에 있던 돌하르방 24기를 제주 목관아로 모두 옮길 계획을 세웠지만 소유권 문제로 어려움을 겪고 있다.

제주목 돌하르방은 제주성 동·서·남문에 각각 8기씩 모두 24기가 서 있었으리라 추정하고 있다. 몸집이 크고 표현이 섬세하다. 3등신으로 상반신만 표현해놓았는데, 표정이 위압감과 긴장감을 느끼게 한다. 돌하르방 받침돌 중 일부는 ㄱ자와 ㅁ자 모양의 홈이 파여 있다. 성문 대신 정낭을 걸쳐두었던 자리에 돌하르방을 세우면서 받침돌이 그 역할을 한 것으로 보인다.

대정현 돌하르방은 대정성 동·서·남문에 각각 4기씩 서 있던 12기가 대부분 그 자리에 남아 있다. 크기도 작고 조각 기법도 섬세하지 않다. 앞면만 조각돼 있고 뒷면은 다듬지 않아 자연석 그대로다. 귀엽고 익살스러운 표정을 짓고 있다. 서귀포의

한 감귤밭에서 채 완성되지 않은 대정현 돌하르방이 발견된 점으로 미루어, 각 지역의 장인들이 그 지역 돌하르방을 제작한 것으로 보인다.

정의성 동·서·남문 앞에 그대로 서 있는 12기의 정의현 돌하르방은 대정현의 것과 비슷하게 2등신의 크기로, 대부분이 뒷면은 손을 대지 않아 자연석 형태로 남아 있다. 표정은 엄숙하면서도 단정한 느낌을 준다.

제주의 토박이 화가 김남홍 씨가 11년 동안 돌을 찾아 다듬고 쌓고 길을 내고 가꾸어 만든 돌하르방 공원은 거대한 '자연 미술관'이다. 그는 48기의 돌하르방을 원형 그대로 재현해놓은 데 더해 현대적으로 재해석하기도 했다. 그는 "큰 돌을 찾고 다듬고 옮기고 세우는 과정이 제주인의 공동 작업이었던 만큼 돌하르방은 250여 년 전 제주인들의 공통의 염원을 담았을 것"이라고 한다. 척박한 땅에서 살아가는 이들의 불안과 절박함을 해결하는 길은 '평화'였으리라는 생각이다.

또한 오늘날 평화의 의미는 사랑, 행복, 건강으로 표현될 수 있을 것이라며, "평화라는 음식의 주재료는 아마도 그런 것들이 될 것"이라고 한다. 이런 그의 생각은 돌하르방 공원의 캐치프레이즈인 '숲, 만남 그리고 평화'에서 그대로 드러난다. 숲을 거닐고 돌하르방과 마주하고 세계 여러 나라에서 온 '평화 사절단'을 만나는 동안 방문객 모두에게 평화가 찾아오리라고 믿고 있는 것이다.

그래서 공원에는 전통적인 돌하르방 말고도 각양각색의 현대적인 돌하르방이 전시돼 있다. 제주 도민을 지키는 수호자의 모

돌하르방 공원의 온갖 돌하르방들과 '평화 사절단'.
왼쪽 위부터 시계 방향으로 수호자 돌하르방, 징을 치는 돌하르방, 정낭을 붙잡고 있는 돌하르방, 동자석 돌하르방,
자연석들이 조합된 돌하르방, 세계에서 가장 거대한 돌하르방, 나무로 만든 '평화 사절단'.

습을 지닌 돌하르방, 꽃바구니를 들고 있는 돌하르방, 새를 안고 있거나 새장을 머리에 이고 있는 돌하르방, 징을 치는 돌하르방, 정낭 틀을 붙들고 서서 익살스러운 표정으로 엿보는 돌하르방, 제주의 묘를 지키는 동자석 돌하르방, 여러 개의 자연석이 조합된 거대한 돌하르방, 앞모습은 돌하르방인데 뒷모습은 남근석인 돌하르방, 몸을 땅속에 둔 채 두 팔을 벌려 모든 사람을 품어주는 세계에서 가장 거대한 돌하르방……. 심지어 화장실 앞에도 돌하르방이 있어, 볼일을 잘 볼 수 있도록 지켜주고 있는 듯하다.

● 위
돌하르방 공원 내 습지의 석탑.

● 아래
공원 밖 담장의 '잠자는 나무'.

한편 공원 한 켠에는 돌하르방들을 만나러 세계 각국에서 온 '평화 사절단'이 있다. 대부분 나무로 조각됐는데, 특히 눈에 띄는 것은 이슬람교 신자와 기독교 신자, 불교 신자가 손을 맞잡고 있는 조각상이었다. 그렇게만 된다면 세상은 얼마나 평화로워질까.

공원 안 곶자왈 습지에는 석탑이 하나 서 있었다. 가을비에 젖은 채 연잎 위에 떠 있는 것이 고즈넉이 아름답다. "평화는 존중에서 출발해야 할 것이어서 자연물을 그대로 존치하는 것을 우선해 작업해왔다"는 김남흥 씨. 자연을 존중하는 상태에서 작업을 하기가 쉽지 않았겠지만 평화의 기운을 담고자 노력한 흔적이 곳곳에 역력하다.

밖으로 나오니 공원 담장 밑에는 '잠자는 나무'가 누워 있었다. 태풍에 쓰러진 후박나무를 옆으로 심어 큰 가지가 위로 자라도록 한 것이다. 쓰임새가 다한 것이 다시 생명을 갖게 하는 것도 평화를 향해 가는 중요한 길이라는 믿음에서 비롯된 것일 터이다.

울창한 숲 사이로 난 좁은 흙길과 아무렇게나 놓인 듯 자연스럽게 배치된 돌무더기, 거칠고 투박한 제주 돌의 소박한 아름다움, 작가의 익살이 제공하는 가벼운 웃음, 곳곳에 배어 있는 평화의 메시지. 돌하르방 공원을 나서며 느껴지는 작가의 손길이 따뜻하다.

금능석물원

'돌하르방 공원'에서 온갖 종류의 돌하르방들을 만날 수 있다면, 한림읍 금능리에 있는 금능석물원에서는 돌로 만든 예술 작품들을 볼 수 있다. 금능석물원은 작가의 해설 없이는 작품을 이해하기가 쉽지 않은 곳이다. 그래서 명장 장공익 선생에게 직접 설명을 부탁해두었다. 장 선생은 올해 여든세 살의 고령에도 불구하고 '돌 일'을 계속하고 있었다. 우리가 도착했다는 연락을 받고 나타난 그이는 돌가루를 뒤집어쓴 모습에 소매와 바짓단을 작은 키에 맞춰 잘라낸 허름한 작업복 차림이었다.

1년 만에 찾은 그곳에는 장 선생이 당시 작업 중이던 「감 따는 아이들」이 완성돼 석물원 한복판에 서 있었다. 남녀 아이들이 감나무에 매달려 있고 나무 아래에서는 노인이 올려다보는 작품이다. 장 선생의 설명은 이렇다. 젊은 여인을 둘째 부인으로 얻은 노인은 나이가 들어 자식을 생산할 수 없었다. 자극이 필요했던 노인은 동네 아이들에게 감을 따도록 나무에 오르게 한 뒤 여자아이의 치마 속을 한참이나 쳐다봤더니, 즉각 효과를 보았고 막내를 얻게 됐다는 얘기다.

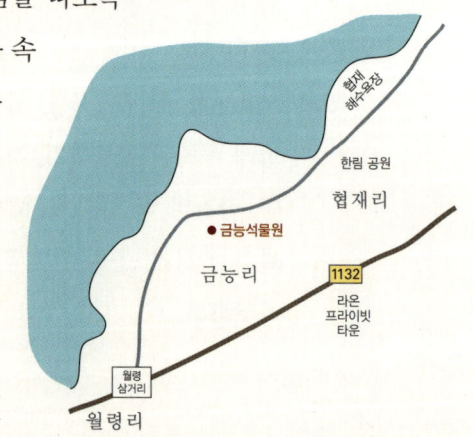

벨기에에 '오줌 누는 아이상'이 있다면 제주에는 '똥 누는 여인상'이 있다. 장 선생은 "점잖은 이들이야 이런 작품을 만들 리 없지만 과거 제주도에서는 매일 아침 집집마다

● 좌
「감 따는 아이들」.

● 우
「똥 누는 여인」.

● 「성희롱하는 해녀들」.
옮기던 중에 해녀들의 팔목이
부러졌다고 한다.

● 「설문대 할망」.

「한반도」.

연출되던 실제 모습이어서 과감하게 새겼다"고 했다. 돗통시에서 달려드는 돼지의 주둥이가 몸에 닿지 않도록 요령껏 피해야 하는 제주의 화장실 문화를 여실하게 보여준다.

1년 전 땅바닥에 전시됐던「성희롱하는 해녀들」은 주변에 분수 조각을 설치하고 담을 둘러 물이 고이도록 해 테우가 물에 뜬 모양으로 잘 꾸며놓았다. 이 작품은 테우를 타고 바다 한가운데로 나간 해녀들이 물질을 하다 잠시 쉬는 동안 유일한 남자인 사공을 성희롱하는 모습이다. 한 해녀는 아랫도리를 벗어 사공의 얼굴을 덮고, 뒤에서는 사공의 바지를 벗기고 있으며, 다른 해녀는 사타구니를 쥐고 있는 형상이다. 장 선생의 말에 따르면, 이 일은 관련자 모두가 비밀로 간직한다는 것이다.

서민들의 생활상이나 실제로 있었던 사건 외에 제주의 전설이나 설화도 장 선생의 손에서 다시 태어난다. 그이는 설문대할망이 5백 장군을 낳고 기르려면 열 번 해산을 했을 것이고,

한 번에 50명씩 낳았을 것이라고 상상했다. 또 갓 태어난 쉰 명의 아들들에게 젖을 먹이려면 유방은 세 개에, 젖꼭지는 다섯 개씩 달렸을 것이라고 했다.

장 선생은 제주시 회천동 화천사에 모아놓은 '석상 5기'에 대해 명쾌하게 해석한다. 이형상 목사가 절과 신당을 없앴을 때, 민간에서는 새롭게 신상을 제작해 숲이나 인적이 드문 곳에 숨겨두고 신앙의 대상으로 삼았다는 것이다. 제주의 민속과 설화를 조각 작품으로 표현하는 작업의 하나로 그이는 이들 신상과 같은 분위기의 석상 2기를 소품으로 복제해놓았다.

그이의 작품 세계는 여기에 머무르지 않는다. 4·3의 비극을 기억하고, 억울한 죽음을 위무하는 한편, 통일을 염원하는 역사의식으로 발전한다. 장 선생은 석물원에 4·3 당시 불태워져 사라진 고향 마을 '한산이왓'의 초가 15채를 재현해놓았다. 또한 억울하게 죽임을 당한 이들의 넋을 위로하기 위해 사람들의 얼굴이 조각된 방사 탑을 세웠다. 4·3 때 외가가 있는 한림으로 갔다가 돌아왔을 때 친구와 친척들은 모두 죽어 아무도 다시 만날 수 없었다고 했다. 분단 조국의 미래 세대가 통일을 이루기를 염원하는 「한반도」에는 사내아이들이 모여들어 힘을 모으고 있다. 한반도 남녘 제주 섬에는 남과 북 어린이들의 통일 노력을 격려하는 여자아이가 한 팔을 치켜든 모습을 세워놓았다.

장 선생은 설명을 마치고 작업장으로 바삐 걸음을 옮겼다. 우리는 그이에게서 놀라운 상상력과 새로운 희망을 충전받은 느낌이었다. 장 선생의 건강을 기원한다.

17
자연과 미술의 조화
제주 현대미술관과 이타미 준의 미술관들

제주 현대미술관

한경면 저지리 '저지 예술인 마을'에 있는 제주 현대미술관에는 그곳에서 열린 행사에 참석하거나 전시회 때문에 몇 차례 방문한 적 있지만, 미술관 '건물'에 관심을 갖고 살펴본 기억은 나지 않는다. 이 미술관은 제주 출신의 건축가 김석윤이 설계해 2009년 '한국 건축가 협회장 상'을 수상한 건축물이다.

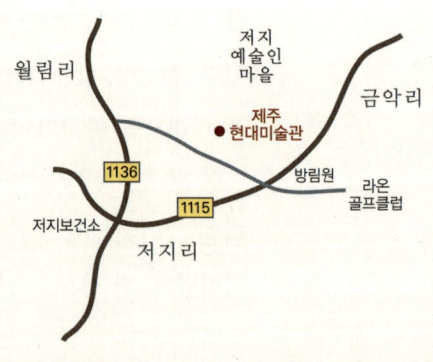

현무암으로 촘촘히
쌓은 제주 현대미술관.

　　미술관은 온통 제주의 돌 현무암으로 감싸여 있다. 그 질감이
나 색조가 두드러지지 않아 주변에 묻혀버리는 '중성적'인 현무
암. 건축가 김석윤은 내부의 공간을 강조할 뿐 건물 자체를 드
러내려 하지 않는다. 이를 두고 전문가들은 '절제'라는 표현으
로 건축가의 의도를 설명하고 있었다.

　　판형으로 잘라낸 현무암이 옆으로 뉘어 벽을 이루고, 돌판 두
께만큼 틈을 두면서 마치 천을 짜듯 촘촘히 쌓여 있다. 수없이
만들어진 틈은 '비움'을 중시한 동양 건축의 특성을 드러내는
것이라고 한다. 그곳으로 '기氣'가 드나들게 함으로써 우주와 화
해를 이루려 한다는 것이다.

　　미술관은 우리 건축의 또 다른 특성을 살리고 있다. 땅의 논
리에 따라 건축이 그 주변을 배려케 하고 건물이 주변 환경과
공존하는 것이다. 세월이 지나면서 자연스럽게 낡아가게 함으
로써 자연에 파묻히게 되는 건물. 지은 지 6년이 되는 미술관에

자연과 미술의 조화　**171**

자연이 튀어 들어오기 예사인 제주 현대미술관 내부.

'자연스럽게' 낀 이끼는 '자연스럽게' 낡아가는 모습을 보여주고 있었다. 오랜 세월 뒤에 이 인공물은 이끼가 더께를 이루고 각진 현무암이 더 부드러워지면서 마침내 허물어져 주변의 자연 속에 파묻혀 사라져버리도록 운명 지어진 것일까.

 미술관은 정방형으로 나누어놓은 건물들을 잇대거나 겹쳐 여러 개의 건물이 하나의 건축물을 이루는 모양새다. 건축가는 이렇게 건물을 여러 개로 나누어놓음으로써, 작품을 넓은 공간 한 곳에 전시하는 것을 허용치 않았다. 이웃 전시 공간으로 이동하거나 계단을 따라 2층으로 올라가야 감상할 수 있도록 설계한 것이다. 작품을 감상하는 데 공간상의 변화를 연속적으로 연출해낸 셈이다.

거기다 복도를 따라가는 동안이나 작품을 감상하는 도중에도 '자연'이 튀어 들어오기 예사다. 창밖 풍경이 작품이 되기도 한다. 그러나 주변 풍경이 작품을 해치지 않는다. 마치 생선 초밥을 먹으면서 생선 맛을 최대한 느끼기 위해 먹는 생강 초절임 같다고나 할까.

미술관을 둘러싸고 있는 것 또한 제주 돌담이다. 돌담은 건축물의 주제가 아니라 배경으로서 그 역할을 톡톡히 한다. 성기게 쌓은 돌담이 아니라 매끈한 벽돌 담장이었다면 어땠을까 상상하는 것만으로 돌담이 지니는 '아무렇지 않음'을 느끼게 된다. 건축가의 피에 흐르고 있는 제주 사람의 유전자를 드러내고 있음인가.

김석윤의 가계 또한 범상치 않다. 그 일가부터가 건축가 집안

제주 현대미술관의 바깥 돌담.

자연과 미술의 조화

이다. 덕수궁 중화전이 불에 타자 1906년 중건을 서둘렀는데, 이때 화북과 조천 일대의 김해 김씨 여란지파 문중 60여 명이 이 공사에 참가했다는 것이다. 이 문중에서 현재 활동 중인 건축가만도 10여 명이라고 한다. 동문 시장, 옛 남제주 군청, 제주 교육대학(이상 김한섭), 제주 민속 자연사 박물관, 문예회관, 기당 미술관(이상 김홍식) 등이 모두 이 집안 건축가들의 설계 작품이다.

뮤지엄 석石, 수水, 풍風과 두손 갤러리

안덕면 상천리 핀크스 골프클럽의 부속 시설인 비오토피아 주거 단지 내에는 '뮤지엄 석石, 수水, 풍風'이 있다. 이 미술관은 사기업 소유로, 이곳 거주자들의 사생활 보호를 위해 평소에는 외부인에게 개방되지 않는다.

'뮤지엄 석, 수, 풍'은 세계적인 건축 미술가로 제주 영어교육도시 건축 총괄을 맡았던 재일 한국인 이타미 준伊丹潤(1937~2011)의 작품이다. 그는 일본 무사시 공대 건축학과를 졸업한 뒤 건축가의 길을 걷기 시작하던 31살 때 처음으로 한국을 방문해, 모국의 자연 풍광과 한국 민가의 아름다움에 빠져들었다고 한다.

이후 한국과 일본, 프랑스 등을 무대로 활발한 작품 활동을 벌인 그는 재일 한국인으로서 일본과 한국의 자연

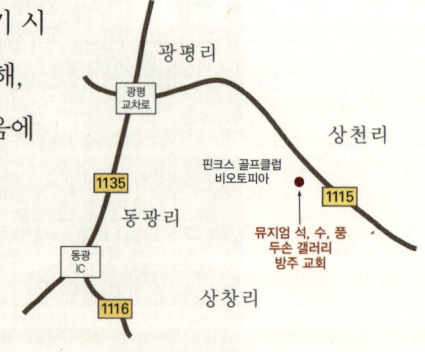

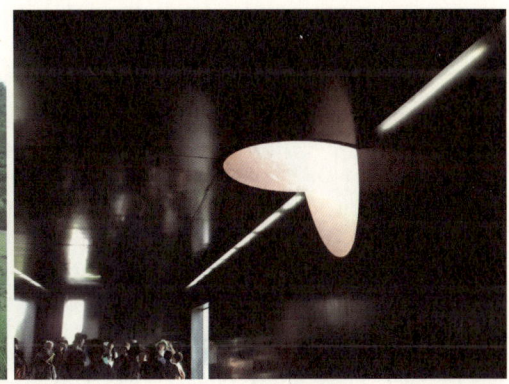

● 좌
벌겋게 녹슨
직육면체 모양의
돌 뮤지엄.

● 우
하트 모양의
채광창으로
쏟아지는 빛.

으로부터 작품의 모티프를 발견했다. 그는 일본에서 자연과 대화를 나누며 그 아름다움을 부각시키는 건축을 배웠고, 한국에서는 자연과의 조화와 공존을 체득하게 됐다.

이 세 개의 뮤지엄은 건축물이라기보다 각각 돌, 물, 바람을 담고 있는 조형물의 성격이 짙다. 뮤지엄을 돌아보기 전 해설을 맡은 이행철 한라대 겸임교수는 "이타미 준이 뮤지엄들이 갖고 있는 각각의 주제 외에 빛을 어떻게 활용하고 있는지 주의 깊게 살펴보라"고 조언했다.

실개천 위를 가로질러 벌겋게 녹슨 직육면체의 건축물이 서 있다. 버려진 함석 콘테이너 같은 모습의 이 건축물은 외벽을 부식 강판으로 마감한 돌 뮤지엄이다. 뮤지엄 주변에 자연스럽게 흩어져 있는 바위들을 지나 안으로 들어가면 세 군데에서 쏟아져 들어오는 빛이 이곳이 돌 뮤지엄임을 알려준다.

대형 유리 벽을 통해 들어오는 것은 빛만이 아니다. 돌 위에 놓인 돌조각이 들어오고, 대형 유리 벽 맞은편에서는 조금 낮은 유리 벽을 통해 허리를 굽혀야 볼 수 있는 돌이 들어온다. 뮤지

● 위
축사처럼 생긴 풍 뮤지엄.

● 아래
바람을 소리로 보여주는 풍 뮤지엄 내부.

엄 안에 있는 돌은 천장 한쪽에 뚫어놓은 구멍을 통해 쏟아지는 빛으로 인해 그 모습을 드러낸다. 하트 모양의 채광창으로 쏟아지는 빛은 강판으로 설계돼 차가운 내부를 따뜻하게 비춘다. 화려한 조명등 이상의 느낌을 받을 수 있다.

　다음으로 풍風 뮤지엄을 둘러봤다. 외벽을 단순하게 목재로 마감해 닭 몇 마리와 소 사료용 볏짚이 가득 들어 있을 것 같은 모습을 하고 있다. 바람은 흔들리는 나뭇잎으로, 뺨에 부딪치는 시원한 느낌으로, 귓바퀴를 스치고 지나는 소리로 인식할 수 있다. 사방으로 틈을 내 바람이 목재 사이를 통과하도록 설계한 바람 뮤지엄에서 이타미 준은 바람을 '소리'로도 보여준다. 시각과 촉각을 청각으로 바꾸어놓는 것이다. 바람 뮤지엄에도 바람과 함께 빛이 들어오고 있다. 손가락 하나 굵기의 틈은 외부로부터 들어오는 빛의 영향으로 훨씬 넓어 보인다.

현무암과 노출 콘크리트 마감으로 건축된 수水 뮤지엄은 하늘이 빛과 함께 물을 만나는 장면을 극적으로 보여주고 있었다. 물 뮤지엄 안으로 들어가면 위에는 하늘이, 아래에는 물이 마주

● 위
바깥에서 바라본 수 뮤지엄.

● 아래
위에는 하늘, 아래에는 물이 마주하고 있는 내부 모습.

자연과 미술의 조화 177

땅속으로 기우뚱하게 파묻힌 두손 갤러리.

하고 있다. 하늘이 물위에 내려앉으면 어디가 하늘이고 어디가 물인지 구분되지 않는다. 하늘과 함께 내려온 빛이 물위에 쏟아져 내리면 물은 바람에 흔들리면서 반짝거린다. 원형의 공간에서 조용히 흘러넘치는 물에 손을 담그면 시각이 촉각으로 빠르게 바뀐다.

제주의 돌과 바람과 물을 세 뮤지엄에 담은 이타미 준은 제주의 오름을 찬양했다. 그래서 만든 곳이 산방산을 향해 두 손을 모은 형상의 '두손 갤러리'다. 두손 갤러리 역시 비오토피아 주거단지 안에 있는데, 석, 수, 풍 뮤지엄과 달리 일반적인 미술관의 기능을 갖추고 있다. 하지만 이 또한 평범하지 않다. 지상 부분은 출입을 위한 통로이자 천장을 통해 빛을 받아들이기 위한 공간일 뿐, 실제 전시 공간은 지하에 배치됐다. 건물 자체도 기우뚱하게 땅 속에 파묻힌 형태다.

이타미 준의 작품들이 이곳에 세워지게 된 것은 핀크스 골프클럽 설립자의 꿈에서 비롯됐다. 제주 출신인 재일 한국인 사업가 김홍주 회장은 고국에 세계적인 골프장을 만들겠다는 집념으로 핀크스 골프클럽을 건립했다. 세계 170여 개 골프 코스를 디자인한 시어도어 로빈슨Theodore Robinson에게 디자인을 맡겼고, 클럽 하우스와 포도 호텔 등 골프장 내 건축물 설계는 이타미 준에게 의뢰했다.

세계 100대 골프장 진입을 목표로 만들어진 핀크스 골프클럽은 2005년과 2007년 『뉴욕타임스』의 골프 자매지인 『골프 다이제스트』와 2005년 영국 『골프 월드』 선정 세계 100대 골프장에 국내 최초로 선정되었다. 그러나 명품 골프장으로 평가받던 핀크스 골프클럽은 운영난을 겪다가 SK 그룹으로 넘어가고 말았다.

18

제주의 아름다운 건축물들

제주의 아름다운 자연 속에 인간이 지은 건축물은 얼마나 주변과 어우러지면서 또 다른 아름다움을 만들어내고 있을까? 건축물의 설계자는 어떤 꿈을 가슴에 품고 있었을까? 이용할 사람들에게는 어떤 메시지를 던지고 있는 것일까? 우리는 자연과 인공이 조화를 이루는 제주의 아름다운 건축물을 찾아 나섰다.

카사 델 아구아

철거 여부를 두고 법정 다툼이 진행되고 있던 카사 델 아구아의 갤러리는 문이 잠겨 있었다. 내부를 둘러볼 수 있도록 열어

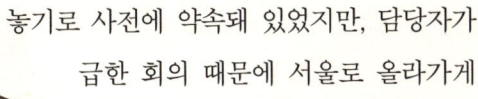

놓기로 사전에 약속돼 있었지만, 담당자가 급한 회의 때문에 서울로 올라가게 됐다는 연락을 받은 것은 당일 아침이었다. 항소심에 계류 중인 긴박한 상황 때문이리라 이해하기로 하고, 외부를 둘러보는 것으로 만족해야 했다.

'물의 집'이라는 뜻의 '카사 델 아구아'는 서귀포시 중문동 국제 컨벤션 센터의 앵커 호텔로서 호텔, 콘도, 문화 공간을 갖춘 복합 시설이다. 멕시코의 세계적인 건축가 리카르도 레고레타Ricardo Legorreta(1931~2011)가 설계한 앵커 호텔은 시행사인 JID의 부도로 공사가 중단됐다가, 2011년 (주)부영이 인수하면서 공사가 재개됐다.

공사가 다시 이루어지면서 앵커 호텔 홍보관 겸 모델하우스였던 갤러리 건물이 철거 위기에 내몰리게 됐다. 카사 델 아구아는 애초 모델하우스로 지어진, 법적으로는 가설 건축물이기 때문에 철거를 전제로 세운 건물이다. 그런데 멕시코 정부와 한국의 건축학계가 갤러리 보존을 강력하게 호소하면서, 전국적인 관심을 받게 됐다.

설계자인 레고레타가 2011년 타계해 이 갤러리가 세계적인 건축가의 마지막 작품인 데다, 그가 설계한 건축물로는 아시아에서 내부를 관람할 수 있는 유일한 작품이기 때문에, 특히 앵커 호텔의 설계가 계속 변경되어 레고레타 설계의 원형이 상실된 반면 갤러리는 레고레타가 두 번이나 직접 제주에 와 디자인은 물론 내부 시설물 배치까지 꼼꼼하게 챙길 만큼 정성을 쏟았

빛의 색과 물의 색이
조화를 이루는
카사 델 아구아.

기 때문에 더욱 보존 가치가 컸다.

레고레타는 멕시코의 전통 건축과 미술에서 흔히 보이는 강렬한 원색을 즐겨 사용했다. 그는 색상으로 공간의 특성을 나타냈다. 사람들의 이동이 많은 로비나 홀 등에는 노란색, 한 면만 개방돼 빛이 많이 들어오지 않는 부분은 핑크색, 바다나 해변 등 물의 느낌을 강조하는 곳에는 파란색을 사용했다.

갤러리는 '빛과 색과 물의 조화'라는 레고레타 특유의 스타일을 담고 있다. 더군다나 극도로 조형을 단순화한 디자인과 멕시코풍의 강렬한 색상, 햇빛에 따라 시시각각 변하는 분위기가 어우러져 레고레타의 대표작 중 하나로 꼽힌다. 레고레타는 출입구 전면에 제주 돌담을 설치해 멕시코의 전통적인 강렬한 색채와 잿빛의 제주 돌 사이의 소통을 시도하고 있다. 돌담 가운데의 수로를 통해 만들어진 작은 반원형 연못에는 원색의 갤러리 건물과 잿빛의 담벽 그림자가 떠 있다. 빛, 색, 물의 조화라는 그

잿빛 제주석과 멕시코풍의 강렬한 색이 조화를 이루는 출입구. 돌담 가운데 수로가 있고, 돌담 뒤에는 작은 연못이 있다.

의 디자인 콘셉트가 그대로 담겨 있다.

주한 멕시코 대사는 "가장 위대한 건축가 중 한 사람의 문화유산 파괴 행위를 저지하기 위해 중앙정부와 제주도, 서귀포시 등에 지속적으로 철거 중지를 요청해왔다"며 "카사 델 아구아는 이 땅에 있으므로 한국인들의 문화유산이기도 하다"고 보존을 호소했다.

이날(2012. 9. 8) 우리의 탐방을 안내한 한라대 이행철 겸임교수는 "유네스코의 세계 문화유산 지정 기준은 보편적 인류의 문화가치와 진정성"이라면서 "카사 델 아구아의 갤러리는 세계가 인정하는 건축가의 작품이고 레고레타 건축 정신의 정수를 갖추고 있다는 점에서 문화유산 지정 기준을 충족시킨다"고 강조했다. 법적인 문제를 넘어서서 갤러리가 철거를 피할 수 있다면 오랜 세월이 흐른 뒤 우리는 또 하나의 세계 문화유산을 가질 수 있을지도 모를 일이었다. 하지만 부영 쪽에서는 2013년 3월에 법원의 최종 판결이 나오자 즉각 철거했다. 갤러리 자리에는 공원이 조성됐다.

방주 교회

핀크스 골프클럽 건축물 설계가 인연이었을까. 골프클럽 이웃의 방주 교회도 '석, 수, 풍 뮤지엄'이나 '두손 갤러리'와 마찬가지로 이타미 준의 작품이다. 방주 교회는 구약성서에 나오는 '노아의 방주'를 형상화한 '물위의 교회'로서, 기독교의 성서적 의미를 모티프로 디자인된 점 외에도, 그 지붕을 아연판 모자이

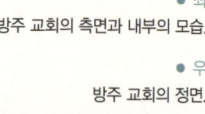

● 좌
방주 교회의 측면과 내부의 모습.

● 우
방주 교회의 정면.

크로 조합하고 외부는 목재로 마감해 고전적 이미지와 현대적 이미지를 조화시킨 재료 선택이 돋보인다.

징검다리를 건너 교회 안으로 들어가면 작고 아담한 예배실이 나온다. 내부는 양쪽 벽과 강단 앞에서 흘러들어오는 자연 채광으로 충분히 밝다. 목사가 설교를 하는 강대상도, 앞 벽에 걸려 있는 십자가도 소박하다. 화려한 장식은 어디에서도 찾아볼 수 없다. 온 세상이 물에 잠긴 홍수 때 겨우 목숨을 부지할 식량만 갖고 들어간 '노아의 방주'를 떠올릴 만하다. 의자에 앉으면 눈높이에 맞게 십자가 아래쪽 유리를 통해 바깥 풍경이 들어온다. 신과 인간과 자연이 만나는 느낌이다. 탐방 참가자 몇 사람이 조용히 기도를 올린다.

소라의 성

서귀포시 동홍동 소정방 폭포 위에 있는 '소라의 성'은 한때 음식점으로 사용되면서 그 상호로 붙여진 것인데, 특별한 이름이 없어 아직도 그렇게 불린다. 우리나라의 대표적인 현대 건축가 김중업金重業(1922~88)의 작품이다. 제주에 남아 있는 거장의 작품 중 거의 유일하게 원형이 남아 있는 건물이다.

김중업의 대표작 가운데 하나인 제주시 용담동 옛 제주대학교 본관 건물은 지난 1996년 철거됐다. 헬리콥터나 배의 형상을 연상시키는 이 건물은 안전에 문제가 생겨 철거됐으나, 이후 건축학계에서는 보수 보강을 통해 유지될 수 있었다면서 많은 아쉬움을 나타내기도 했다.

소라의 성은 박정희 전 대통령의 별장지였던 현 파라다이스 호텔 근처에 1969년 경호원들의 숙소로 건립됐다는 설이 유력하다. 단순하면서도 곡선의 미적 요소가 돋보이는 방갈로풍 소규모 건축물이며, 애초에는 건물 전체를 검은색 현무암으로 마감하고, 테라스 형식의 돌출부는 현무암과 대비되는 색상과 재질을 사용해 장식적 요소로 처리됐다.

이후 개인에게 소유권이 넘어가 음식점으로 사용되다, 2006년 이 지역이 재난 지구로 지정되면서 서귀포시에 의해 철거 계획이 마련됐다. 그러나 보존을 주장하는 이들의 노력으로 제주도가 매입해 현재 사단법인 제주올레 사무국으로 사용되고 있다. 현재 외벽은 전부 회색으로 덧칠돼, 원래 '분절'을 강조한 건축가의 의도는 상실된 상태다.

아열대 나무에 둘러싸인 소라의 성.

회색으로 덧칠되어 예전 모습을 잃어버린 것이 아쉽다.

네 면이 각각 다른 표정을 갖고 있는 독특한 형태의 소라의 성은 급경사의 절벽과 완만한 해안선으로 이루어진 제주 해안의 특성에 거슬리지 않게 자리하고 있다. 바다와 해안, 숲 등 주변 풍경과 함께 아직도 아름다움을 간직하고 있다.

건축물은 인간의 위대함을 증명이라도 하려는 듯 주변을 아랑곳하지 않는 경우가 적지 않다. 주변을 무시하거나 압도함으로써 스스로 돋보이게 하는 천박함은 인간사에서 흔히 접하는 일이기도 하다. 주변과 조화를 이루고 서로 소통함으로써 함께 아름다움을 추구하는 길, 자연과 인공의 조화를 통해 아름다움의 극치를 향해 나아가는 현대 건축의 노력을 돌아보는 것은 의미 있는 경험일 것이다.

ⓒ 강정효

제3부

생태 편

화산이 남긴 축복

19

가을,
11월의 오름

　어느 해 11월 강원도를 방문한 적이 있었다. 버스 창문 밖으로 펼쳐진 정경은 쌀쌀한 날씨보다 더 스산하고 쓸쓸했다. 탄광 지역의 우중충한 회색빛 하늘과 땅, 바람에 흔들리는 마른 옥수숫대와 잎을 떨군 앙상한 나뭇가지. 색깔로 표현한다면 영락없는 회색이었다. 그러나 제주의 11월은 회색이 아니다. 곳곳에 여전히 푸르름을 간직한 소나무와 삼나무, 나무 가득 매달려 있는 노란 감귤이 적절하게 조화를 이루고, 억새와 누렇게 마른 들풀마저 따뜻하기만 하니, 제주의 11월은 아직도 청청하고 풍성하다. 그래도 가을은 깊어 어느새 겨울이 문턱에 다가온 듯 한라산에 눈이 내리기도 한다.

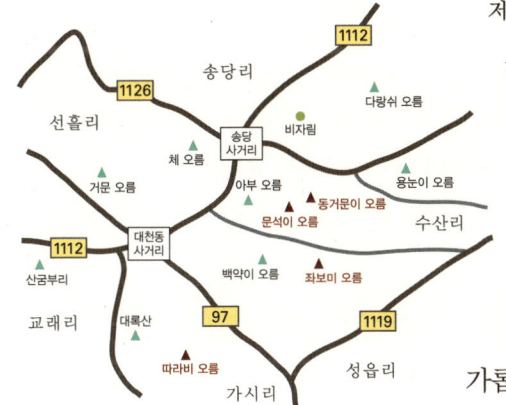

제주에서 가을을 느끼기에 적절한 곳은 역시 오름이다. 그곳에서는 드세기는 하지만 매몰차지는 않은 바람이 불고, 하얗게 꽃을 피운 억새가 바람보다 먼저 드러눕는다. 중턱에서는 이따금 마지막 풀을 뜯는 마소가 한가롭다. 작고한 사진작가 김영갑 선생이 생의 마지막까지 사랑한 능선은 세상에서 가장 부드러운 형태를 드러낸다.

제주도 내 오름은 368개. 이 오름들은 설문대 할망이 한라산을 만들 때 치마폭에 흙을 담아 나르다 치마의 찢어진 구멍으로 흘러내렸다는 흙덩이들이 아닌가. 한라산을 중심으로 100여 차례의 화산 폭발로 만들어진 기생화산 오름의 생성 과정을 기막히게 설명하는 옛사람들의 입담이 만만치 않다.

민둥산인 오름은 풀로 덮여 있어 부드러운 곡선미를 자랑한다. 마을 공동 목장으로 이용될 때만 해도 마을 주민들이 오름 주변에 목초지를 만들기 위해 '방애불'을 놓아 관목과 해충을 제거하고 마소가 먹을 풀과 초가를 지을 '새'(띠)가 자라도록 했다. 사람들이 간섭하지 않게 되면서 오름에는 덤불이 자리를 잡고 이어 관목이 들어서기 시작한다. 소나무 씨가 날아와 소나무가 자라기도 한다. 아직 민둥산 상태인 오름들도 오랜 세월이 지나면 숲으로 뒤덮일 것이다. 그것이 자연이다.

동검은이 오름과 문석이 오름

조천읍과 구좌읍의 오름 군락 중에서 '검다', '신령스럽다'는 의미의 '검은 오름'이라고 불리는 오름이 두 곳 있다. 유네스코 세계 자연유산으로 지정된 조천읍 선흘리의 거문 오름과 그보다 동쪽인 구좌읍 종달리의 동검은이 오름이다. 거문 오름은 그래서 '서검은이 오름'이라고도 한다. 한편 동검은이 오름은 거미 모양을 하고 있다고 해서 '거미 오름'으로 불리기도 한다.

동검은이 오름은 '신령스럽다'는 뜻의 '검'자가 붙은 오름답게 특이한 형상을 하고 있다. 거기에서는 피라미드를 닮은 삼각뿔 모양의 봉우리와 돔형의 봉우리가 네 개, 원형과 말굽형의 분화구가 세 개, 마치 고분군을 보는 듯 주변의 20여 개 알오름 등 오름의 진수를 맛볼 수 있다.

동검은이 오름은 제주 동부 오름 군락의 한가운데 있다. 그 덕에 오름 정상에서는 날씨가 흐려도 사방에 널린 오름들이 한눈에 들어온다. 약초가 많다는 백약이 오름, 주변에서 가장

● 좌
30도의 가파른 경사를 보이는 동검은이 오름 봉우리들.

● 우
마그마가 흘러내리면서 만들어진 말굽형 분화구. 비탈에는 관목들이 들어섰다.

동검은이 오름에서 본 주변의 오름 군락.

 높다는 높은 오름, 달이 걸린다는 다랑쉬 오름, 제주에서 억새가 가장 아름답다는 용눈이 오름, 다섯 개 봉우리가 연결된 좌보미 오름, 오름의 전형인 민둥산 민오름, 영화 「이재수의 난」 촬영 장소로 유명해진 아부 오름, 세미 오름, '문석'이라는 사람이 살았다는 문석이 오름 등이 멀거나 가까이에서 동검은이 오름을 둘러싸고 있다.
 오름 정상의 강한 바람과는 달리, 오름 주변에서는 억새가 가벼운 바람에 흔들리고 있고 오름 곳곳에는 작은 키에 꽃을 피운 야생화가 늦가을의 정취를 자아낸다. 우리나라 전역에서 볼 수 있는 가을 야생화들이다. 꽃향유와 쑥부쟁이는 군데군데 무리지어 피었고 물매화는 이따금 부끄러운 듯 한두 송이씩 작은 꽃을 피우고 있다.
 동검은이 오름 서쪽에는 문석이 오름이 이웃해 있다. 이 오름의 이름은 '문석'이라는 말 테우리와 관련이 있는 것으로 전해진다고 한다. 여자가 앉아 있는 형상을 하고 있는 이 오름을 무척 좋아해 이곳에서 살다시피 하는 바람에, 오름에 그의 이름을 붙여 부르게 됐다는 것이다.

좌보미 오름과 따라비 오름

좌보미 오름(표선면 성읍리)은 봉우리가 다섯 개나 되는 특이한 오름이다. 화산이 폭발한 뒤 용암이 송이층을 몇 군데로 무너뜨리면서 흘러내리는 바람에 별개의 오름처럼 보이도록 봉우리들이 만들어진 것이다. 그러나 정작 오름을 올라보면 능선을 따라 오르내리는 형국이 완연하다. 그런 만큼 분화구도 대형이다. 오름의 높이는 112미터에 불과하지만 둘레가 5킬로미터, 면적은 20만 평에 가깝다. 정의현의 도읍이던 성읍에서 보기에 '왼쪽에 있는 다섯 개의 봉우리'라는 뜻에서 '좌오뫼'라는 이름이 붙었다가 '좌보미'로 불리게 됐다는 것인데, 그 이름의 유래에 대해서는 이 밖에도 여러 가지 설이 있다.

따라비 오름(표선면 가시리)은 '오름의 여왕'이라는 찬사를 받

● 좌
좌보미 오름의 어느 봉우리에서 바라본 다른 봉우리 세 곳. 오른쪽 멀리 정의현의 주산이던 영주산이 보인다.

● 우
세 개의 분화구가 만들어낸 조형미가 돋보이는 따라비 오름.

누런 빛의 억새(왼쪽)가 역광을 받아 은빛으로 반짝이는 모습(오른쪽).

을 만하다. 흔히 오름에 삼나무 등을 '기획 식재'하는 바람에 사라진 부드러운 선이 이곳에는 그대로 살아 있다. 이렇듯 오름의 전형적인 선을 간직하고 있을 뿐 아니라, 세 개의 분화구가 만들어내는 아름다움은 무성한 억새와 함께 깊은 인상을 안겨준다. 오름 초입의 나무계단과는 달리 야자 열매에서 뽑아낸 섬유로 엮어 만든 등산로도 보기 좋았다. 폐타이어의 문제를 친환경적으로 바꿔놓은 것이었다.

고향을 떠나 살던 어느 해 11월, 제주 공항에서 맞은 바람을 생생하게 기억하고 있다. 항공기 트랩을 내려오는 동안 바람이 거세게 불고 있었다. 그러나 머리칼을 헝클어뜨리던 그 바람은 서울의 빌딩 사이를 휘젓는 바람과 달랐다. 거세기는 했지만 그렇게 따뜻할 수가 없었다. 나도 모르게 마음속으로 소리를 지르고 있었다. "그래, 바로 이 바람이야. 내 고향 제주의 바람은 가슴속을 휑하니 뚫는 그런 바람이 아니었어. 이렇게 부드럽고 따뜻한 바람이었어."

야자 매트가
깔린 등산로.
'하늘 가는 길'이라
부르기로 했다.

  트랩을 내려와 버스를 타기 전 한참을 공항 활주로에 서서 그 바람을 온몸으로 맞고 있었다. 너무도 행복해 눈물이 날 것 같았다. 고향 제주에 왔다는 사실 때문이 아니었다. 그 바람 때문이었다. 가을 오름 정상의 능선에서 부는 바람이 바로 그 바람이었다. 몸이 흔들릴 정도로 거센 11월의 바람이 그해 늦가을의 바람을 떠오르게 했다. 한참이나 바짓가랑이를 흔드는 그 바람을 즐겼다.

20
아름다운 습지 먼물깍

동백 동산과 먼물깍

조천읍 선흘리 '동백 동산'은 2011년 3월 람사르 습지로 등록된 곶자왈 지대다. 조천-함덕 곶자왈 지대의 선흘 곶자왈에 포함되는 곳으로, 동백나무가 많다고 해 붙여진 이름이다. 동백 동산에는 암반 지대 위에 약 500제곱미터, 평균 수심이 1~2미터인 '먼물깍'이 있다. 동백 동산의 대표적인 습지인 먼물깍은 곶자왈 안에서 흘러내린 물이 지대가 낮은 이곳에 고여 연못을 이룬 것이다.

과거 이 일대 주민들이 주변에 담장을 둘러 말이나 소에게 물을 먹이던 곳이었으나, 지금은 람사르 습지로 등록돼 습지보전법에 따라 보호되고 있다. 동백 동산 습지는 멸종 위기종 1급인 매와 멸종 위기종 2급인 순채, 팔색조, 비바리뱀, 삼광조, 벌매를 비롯해 원앙, 물장군, 물부추 등 멸종 위기종들이 서식하고 있다.

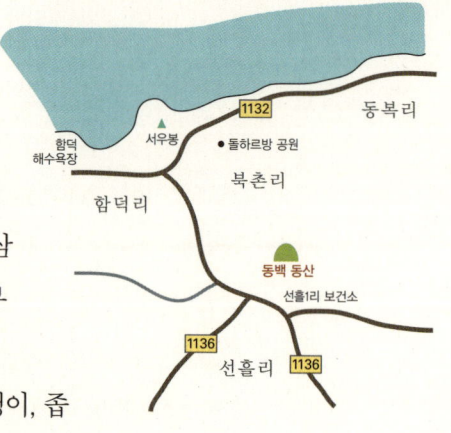

먼물깍에는 택사, 실말, 마름, 송이고랭이, 좁은잎미꾸리낚시, 물꼬리풀 등 수생식물들이 있고, 쇠백로, 해오라기, 유혈목이, 누룩뱀, 참개구리, 제주도롱뇽 등의 동물과 소금쟁이, 장구애비, 물방개류와 물땡땡이류 등이 출현한다. 얼마 전까지 어리연꽃이 먼물깍을 가득 채우고 있었으나, 지금은 순채가 자리를 차지하고 있다. 한편으로는 치열하게 경쟁하고 한편으로는 공생하는 자연을 만나볼 수 있다. 순채가 앞으로 어떤 식물에게 자리를 내줄지는 알 수 없는 일이다.

"즐거워라 반궁의 물가에서 순채를 캐네. 노나라 임금이 오시어 술을 드시네." 순채는 『시경詩經』에도 등장할 만큼 고급 채소였던 모양이다. 국으로 끓인 순채탕, 오미자를 끓인 물에 순채와 꿀을 넣은 순채차, 어린 순을 데쳐 초장에 무친 순채회 외에도 순채죽, 순채 화채 등 식용으로 사랑을 받았으나, 지금은 멸종 위기에 처해 있다.

동백 동산에는 먼물깍 외에도 크고 작은 습지가 많다. 선흘리 거문 오름에서 분출한 용암이 흘러내리면서 판형으로 굳어진 '파호이호이pahoehoe'가 많이 분포돼 있다. 그러니까 점성이 강한 빌레 용암이 덮인 뒤 그 아래에 굴이 생기고 그 위에는 물이 고여 연못이 생기는 것이다.

습지는 민물이나 바닷물이 고여 있거나 흐르는 지역을 가리킨다. 밀물 때 수심이 6미터를 넘지 않는 해안도 포함된다. 그러니까 갯벌, 호수, 하천, 연못, 저수지, 늪, 오름 분화구 내 호수, 해안 조간대는 물론 염전과 논도 습지에 포함된다. 특히 우리나라 서남 해안의 갯벌은 지구상에서 5대 갯벌 중 하나로 손꼽힐 만큼 규모가 크지만, 간척하거나 매립해 농경지와 주거지, 공단, 항만 배후지, 심지어 쓰레기 매립장으로 이용되는 바람에 지금은 반 정도밖에 남아 있지 않다.

그동안 습지는 쓸모없는 땅, 지저분한 곳, 병원균의 온상 정도로 인식돼온 탓이다. 습지의 가치는 인정받지 못했고 그런 습지를 어떤 용도로 활용할지에 더 큰 관심이 있었다. 그러나 습지는 생산력이 뛰어나, 갯벌의 경우 1헥타르당 9990달러로 농

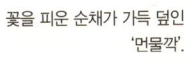

꽃을 피운 순채가 가득 덮인 '먼물깍'.

순채꽃.

동백 동산의 다른 습지들.

경지의 1백 배 정도의 경제적 가치를 지니고, 생물 종 다양성이 매우 높은 서식처 중 하나로 인정되고 있다.

습지는 생물에게 다양한 서식 환경을 제공해줄 뿐만 아니라 유해 물질을 흡수·분해하고 정화한다. 환경 보전을 위해서도 중요한 습지는 그래서 '지구의 콩팥'으로 비유되기도 한다. 그러나 습지는 훼손되면 원래의 모습으로 되돌리기 힘들다는 것을 뒤늦게 깨닫게 됐다. 습지의 중요성은 1971년 이란의 작은 마을 람사르에서 물새와 습지에 관한 국제회의가 열려 '람사르 협약'이 채택되면서 국제적으로 관심을 받게 됐다.

우리나라에서는 새만금 간척 사업 논란을 거치면서 전 국민적인 관심을 끌게 됐다. 우리나라는 1997년 람사르 협약에 가입해 강원도 인제군의 대암산 용늪을 시작으로, 경남 창녕의 우포늪 등 전국 18곳이 람사르 습지로 등재됐다. 제주도에서는 물영아리 오름, 물장오리 오름, 1100고지에 이어 동백 동산이 등록됐다.

동백 동산은 습지보다 희귀 식물로 훨씬 일찍 인정받았다. 육박나무와 백서향을 비롯해 변산일엽, 골고사리, 새우란, 사철란 등 희귀 식물이 자생하고 있어, 1981년 제주도 기념물 제10호로 지정됐다. 이곳은 제주도에서 평지에 남아 있는 가장 면적이 넓은 난대성 상록활엽수 천연림으로 구실잣밤나무, 종가시나무, 후박나무, 빗죽이나무, 동백나무 등이 자생한다.

몇 년 전부터 이곳이 잘 알려지면서 탐방로가 만들어져 숲 탐사 코스로 이용되고 있다. 울창한 천연림 사이로 난 길을 따라가노라면 동백 동산의 식생은 물론 곶자왈의 다양한 특성들을 잘 볼 수 있다. 안내를 맡은 정상배 박사는 동백 동산 일대가 곶자왈과 숲, 동굴, 습지 등 다양한 자연조건을 두루 갖추고 있어, 자연 생태계 관찰과 환경 교육, 휴양에도 최적지라고 강조했다.

동백 동산 일대 선흘 곶자왈에는 빌레 용암이 흐르면서 곳곳

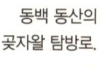
동백 동산의 곶자왈 탐방로.

에 동굴을 만들어냈다. 4·3 당시 선흘리 주민들이 피신했던 곳이다. 1948년 11월 21일 선흘리가 토벌대에 의해 초토화된 뒤 주민들은 토벌대의 명령에 따라 해안 마을로 내려가야 했다. 그러나 기르던 가축과 갓 추수한 곡식을 버려두고 갈 수 없었던 주민들은 천연 동굴이 산재해 있는 선흘 곶자왈로 찾아들었다.

'반못굴'에는 청년들을 중심으로 25명이 피신했으나, 나흘 뒤 토벌대에게 들켜 18명은 곧바로 총살당하고 나머지는 함덕의 대대 본부로 끌려가 무자비한 고문을 당했다. 이튿날에는 '목시물굴'도 토벌대에게 발각돼 피신해 있던 주민 40여 명이 총살당했다.

습지를 포함해 다양한 자연조건들을 갖추고 있는 동백 동산은 물장군, 왕잠자리 등 수서곤충류와 쇠살모사, 제주도롱뇽, 참개구리 등 양서류의 산란지이기도 하고, 노루, 오소리 등 포유류와 동박새, 제주휘파람새, 큰오색딱따구리, 각종 여름 철새와 겨울 철새의 안전한 서식처이기도 하다. 희귀식물뿐만 아니라 동물 생태의 핵심적인 공간으로서 중요한 생태적 가치를 지니고 있는 것이다.

정상배 박사는 람사르 습지 등록과 관련해 철새 도래지인 하도와 성산 일대의 갯벌을 보호하는 일이 시급한 실정이라고 했다. 습지 규모가 훨씬 작은 동백 동산은 산림청 소유로 지정하는 데 별 어려움이 없는 반면, 하도나 성산은 주민들의 민원과 소유권 문제 때문에 습지 등록이 어려워 손쉬운 쪽을 택한 것이라는 지적이었다.

선흘 꽃밭

우리는 동백 동산을 떠나 퇴직 교사 부부가 조성해놓은 꽃동산 '선흘 꽃밭'을 방문했다. 제주 신화에 등장하는 '서천 꽃밭'을 재현함으로써 제주 신화를 알리고 싶은 생각에 400여 종의 꽃을 심어 만든 꽃밭이다. 사계절 내내 꽃이 피는 동산. 매년 봄 친지들을 초청해 꽃 잔치를 열 생각이었지만, 2012년 5월 첫 꽃 축제가 언론에 보도되면서 3천여 명이 몰려드는 바람에 마을 축제처럼 진행되고 있다.

김형식, 오순덕 선생 부부는 퇴직한 뒤 꽃을 가꾸고 텃밭을 일구면서, 형편이 닿으면 상설 전시 공간 정도가 있으면 좋겠다고 생각했다. 하늘과 땅에 기대어 사는 삶이 인간으로서 가장 의미 있으리라는 판단이었다. 그리고 전시 공간에다 묻혀 있는 예술 작품들을 발굴해 전시할 수 있으면 제주의 문화 수준을 높이는 일이 될 것이었다.

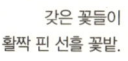
갖은 꽃들이 활짝 핀 선흘 꽃밭.

부부는 1천여 평의 규모에, 동산 맛이 나도록 굴곡이 있고, 오래된 고목에다 자연석 돌무더기가 있는 땅을 찾아 나섰다. 10여 년을 헤매 다녔지만 이런 조건에 맞는 땅을 찾지 못해 포기할 즈음, 면적만 기대보다 두 배 넓고 나머지 조건을 모조리 충족시키는 땅이 나타났다. 감귤 밭이었다. 주변의 삼나무를 베어내니 동백 동산이 한눈에 들어왔다. 감귤 나무를 베어낸 자리에 돌과 흙을 져 나르며 꽃동산을 조성하는 데는 6년의 세월이 걸렸다.

이렇게 심고 가꾼 꽃들은 대부분 1년생들이어서, 매년 꽃이 지고 나면 모두 뽑아내 다시 모종을 심어야 한다. 다년생 꽃들은 장미, 모란, 작약, 국화 등이 고작이니, 매년 다른 꽃밭이 만들어지게 되는 셈이다. 부부는 새벽 5시면 꽃밭으로 나가 끼니도 잊은 채 꽃밭을 가꾼다고 했다. 배고픈 줄도 모르는 이유는 꽃밭 일이 엄청난 엔도르핀을 생성하기 때문일 것이라고 했다.

행복한 선흘 꽃밭의 '꽃감관'(제주 신화 속 꽃 관리인) 부부가 앞으로 매년 봄 수백 종의 어떤 꽃들과 함께 '서천 꽃밭' 신화의 꽃 이야기를 우리에게 내놓을지 기대해볼 일이다.

21

백서향 향기 그윽한
무릉 곶자왈

제주어 사전에는 '곶자왈'이 '가시가 많은 덤불이나 잡목림' 이라고 돼 있지만, 이것만으로는 설명이 충분하지 못하다. 지역에 따라 '곶'이나 '자왈'이라고도 불리던 것이 언제부터인가 '곶자왈'로 불리기 시작했다.

곶자왈은 제주의 오름에서 화산이 폭발하면서 죽처럼 흘러나온 용암이 지표면을 덮어 이루어진 지역이다. 넓고 길게 흘러가던 용암이 여러 가지 이유로

용암이 깨지면서 만들어낸 선흘 곶자왈의 숨골.

쪼개지면서 바위 덩이들이 불규칙하게 쌓여 있는 모양이라 불모지로 남아 있었다. 하지만 오늘날에 이르러 무수한 생명을 품고 있는 곶자왈의 가치가 인정받으면서 새롭게 부각되고 있다. 특히 천연의 식생과 함께 제주의 보물인 지하수를 머금은 '숨골'이 있어, 생태적으로는 물론이고 경제적으로도 가치가 크다. 숨골은 지하의 열과 습도를 내뿜어 곶자왈이 남방 한계 식물과 북방 한계 식물이 공존하는 환경을 조성한다. 게다가 숨골을 타고 흘러든 빗물은 제주를 지하수의 보고로 만든다.

　제주의 곶자왈은 구좌-성산, 안덕-한경, 애월, 조천-함덕 등 동서남북 지역에 고루 4곳이 분포되어 있고, 이 지대는 다시 10여 개 지역으로 나누어진다. 곶자왈은 그 면적만도 7700헥타르(3400여만 평)로서, 제주도 전체 면적의 6%, 한라산 국립공원을 제외한 전체 임야의 10퍼센트 이상을 차지하고 있다.

　무릉리 일대의 곶자왈길은 '파호이호이'로 이루어진 곳이었다. 용암의 표면이 밋밋하며 작고 완만한 언덕들이 잘 발달된 지형으로, 표면에 밧줄 모양의 무늬가 있는 용암이 '파호이호이'다. 반면 용암층의 위아래 표면이 까칠까칠하고 날카로운 용암은 '아아$_{aa}$'라고 한다. 이런 낯선 표현들이 곶자왈에 대한 지질학적 접근을 더욱 어렵게 만들지도 모르지만, 사실은 별로 어려울 게 없다. 둘 다 하와이 원주민들이 용암 지대의 특징을 묘사할 때 사용하는 하와이말이다. 우리가 '빌레', '자왈'이라고 부르는 것과 다르지 않다. 아직도 화산활동이 활발한 하와이에서 쓰는 말을 지질학자들이 책에 소개하면서 전 세계적으로 사용하게 된 것이다.

　용암의 온도, 가스 함량, 용암이 흘러가는 지표면의 경사, 용암 분출량과 지속 시간 등에 따라 '파호이호이'가 되느냐 '아아'가 되느냐가 결정된다. 짧은 시간에 많은 양이 분수처럼 뿜어져 나온 용암은 가스가 많이 빠져나가 가스 함유량이 적다. 이 용암이

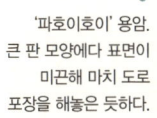

'파호이호이' 용암.
큰 판 모양에다 표면이
미끈해 마치 도로
포장을 해놓은 듯하다.

경사가 급한 곳을 흘러갈 때 흔히 '아아'가 형성된다. 반대로 적은 양이지만 오랜 시간에 걸쳐 꾸준히 화구를 흘러넘칠 때 용암은 상대적으로 가스를 많이 함유하게 되고, 그런 용암이 완만한 지형을 천천히 흘러가게 되면 '파호이호이'를 형성하게 된다.

같은 화구로부터 흘러나온 용암에서 '파호이호이'와 '아아'가 함께 나타나기도 한다. 화산 폭발로 터져 나온 마그마가 짧은 시간에 많은 양이 흘러가면서 넓은 지역에 '아아'를 형성한다. 이후 분출량은 줄었지만 지속적으로 용암이 흘러나오면서 이미 굳은 용암 아래로 흐른다. 이 용암은 먼저 터져 나와 굳은 용암을 지붕 삼아 공기와 직접 맞닿지 않은 채 멀리까지 흘러갈 수 있게 된다. '파호이호이'도 함께 생겨나는 것이다.

어떤 지점은 굳은 용암 아래를 지나간 용암 때문에 공간이 생기면서 튜브 같은 모양이 되기도 한다. 이것이 오랜 세월을 두고 곳곳이 무너져 내려 2~3미터 깊이의 함몰 지역이 생긴다. 용암이 흘러내린 방향으로 길쭉한 모양이 만들어진다. 이런 함몰 지역에는 활엽수들이 자라고 있다. 함몰 지역에 물이 고여 작은

● 좌
함몰 지역에 자라난 활엽수.

● 우
함몰 지역에 물이 고여 생긴 물웅덩이.

연못을 이룬 곳도 간간이 눈에 띈다. 지하의 암반층이 물이 새는 것을 막아주는 곳이어서 그렇다고 한다. 겨울철 추위를 피해 지하의 따뜻한 공기가 새 나오는 곶자왈 지대에 들어왔던 마소가 목을 축이기에 충분했을 것이다.

안덕면 동광리의 도너리 오름에서 터져 나온 용암은 폭발 초반 짧은 시간에 많은 양이 분출되면서 상류에서 '아아' 형태를 보이던 것이 한경면 무릉리까지 12.5킬로미터나 흘러가면서 하류에서는 '파호이호이'로 나타난다. 이렇게 흐르던 용암은 위에 굳어 있던 용암 지붕을 깨뜨리고 다시 흘러나온다. 공기에 노출되어 굳은 용암이 깨지면서 크고 작은 바위 덩이가 무더기를 이루기도 한다. 이 때문에 한경-안덕 곶자왈의 하류에 해당하는 무릉 곶자왈에서 우리는 '파호이호이'로 이루어져 평탄한 탐방로를 걸을 수 있지만, 그나마 곶자왈 끝자락에 이르면서는 돌무더기를 만나게 되는 이유다.

화구에서 흘러나온 용암은 하류로 올수록 그 양이 적어지게 돼 자연히 폭이 좁아진다. 상류의 폭은 넓은 곳이 6킬로미터에 이르기도 하지만, 하류에서는 폭이 500미터 남짓이다. 그뿐 아니라 용암의 두께도 얇아져 판 모양의 암석들이 만들어진다. 하류이거나 곶자왈 가장자리에 해당하는 한경면 산양리, 대정읍 구억리, 신평리 일대에 옹기 가마가 많았던 이유 중 하나는 이런 암석이 이 지역에 많았기 때문이다. 옹기를 구울 때 필요한 땔감이 곶자왈 지대에 풍부하기도 했지만, 옹기 가마를 만들 때 아치형 천장 구조를 만들 수 있는 판자형 돌이 곶자왈 가장자리에 널려 있는 까닭일 것이다. 이 일대 마을의 돌담도 대부분 판

판형의 현무암으로 만들어진 구억리의 돌가마 '검은 굴'. 화구(왼쪽)와 연기구멍(오른쪽). 1860년대의 것으로 추정된다.

모양의 돌로 쌓여 있는 것이 특징적이다.

우리가 곶자왈을 걷던 한 시간 반 내내 은은한 향기가 떠나지 않았다. 잠결에 향기를 따라갔더니 이 꽃이 피어 있었다고 해서 수향睡香이라고 불리다, 상서로운 향기라는 뜻으로 서향瑞香으로 바꿔 부르게 됐다는 백서향白瑞香의 향기였다. 그 향기가 천리를 간다고 해서 '천리향'이라고도 불리는 이 꽃은 제주도 기념물 제18호인 제주의 야생화다. 울창한 곶자왈 지대 곳곳에서 향기를 내뿜고 있는 백서향은 작은 키에 흰 꽃잎을 달고 있는 소박한 모습과 달리, 그 이름값을 톡톡히 하고 있었다.

곶자왈은 '제주의 허파'로 그 가치를 새롭게 인정받고 있기도 하지만, 아이러니하게도 개발로 인해 조금씩 사라져가기도 한다. 덤불숲으로 우거진 돌무더기 지역 곶자왈은 농지로 개간하기는커녕 접근하기조차 어려워 버려진 땅이었으나 개발 바람은 이곳에도 불어닥쳤다. 일찍이 곶자왈의 가치에 눈을 뜬 곶자왈 보호 단체 '곶자왈 사람들'을 중심으로 민간 차원에서 곶자왈 보호 운동이 시작됐다. 이것이 곧 곶자왈 공유화 운동으로 번져 '곶자왈 땅 한 평 사기 운동'이 펼쳐졌다. 제주도에서도 뒤

무릉 곶자왈에 핀 백서향.

늦게 곶자왈의 중요성을 인식하고 민간 차원의 운동을 대체하기 위해 '곶자왈 공유화 재단'을 설립했으나 별 효과를 보지 못하고 있다.

그도 그럴 것이 제주도가 곶자왈 보호를 외치지만, 다른 한편으로는 곶자왈 지역에 각종 개발 사업을 허가하면서 곶자왈 파괴에 앞장서고 있기 때문이다. 도내 곳곳의 골프장이 곶자왈 지역에 건설됐고, 최근에는 무릉 곶자왈 인근의 안덕 곶자왈에 영어 교육 도시, 신화 역사 공원이 들어서게 됐다. 곶자왈 보호를 위해 도민들이 성금을 내 이 지역을 공유화하자는 호소를 하려면 제주도의 개발 정책도 그에 걸맞게 시행돼야 마땅하다.

잘 보존된 제주의 유산은 세계가 감동하고 미래가 감탄할 가치다. 유네스코가 자연환경 관련 3관왕을 제주에 안겨준 이유가 그것이다.

22
'영주 10경'의 으뜸, 성산 일출봉

대부분의 제주도 관광 책자 표지를 장식하고 올해(2013년) 8월 중순에 이미 관광객 200만 명을 넘어선 제주도 최고의 관광지, 천연기념물 제420호로 세계 지질 공원의 대표적인 사이트이자 그곳에서 해가 뜨는 모습을 '영주 10경'의 으뜸으로 치는 곳, 제주도 최고의 절경이라는 찬사를 바치기에 부족하지 않은 곳, 성산 일출봉.

수성 화산 활동으로 생겨난 일출봉은 화산 분출에 의해 오름이 탄생하는 과정은 물론, 오랜 세월을 두고 침식돼가는 과정까지 보여주는 세계적인 지형이다. 거기다 일출봉에서는 화산 분출로 만들어지는 거의 모든 퇴적물들을 잘 볼 수 있다. 이런 점

바다에서 바라본 일출봉.

이 지질학적 가치를 인정받아 유네스코로부터 세계 지질 공원으로 지정받기에 이른 것이다.

일출봉의 지질학적 가치를 확인하기 위해서는 일출봉 주변 아랫부분을 찬찬히 살펴야 한다. 퇴적층의 구조와 다양한 퇴적물들의 종류를 알아낼 수 있기 때문이다. 우리는 성산항에서 고깃배를 빌려 타고 바다 쪽에서 일출봉을 살펴보기로 했다. 빗방울이 이따금 떨어지는 날씨에 바람은 드세지 않았지만, 파도는 잔잔한 편이 아니었다. 배에서 바라본 일출봉은 때마침 구름이 정상 부분을 뒤덮어 신비로운 모습을 자아냈다.

제주도 내에 있는 360여 개 오름 가운데 10여 개는 수성 화산 활동으로 생겨난 것들이다. 일출봉을 비롯해 서귀포 하논, 대정의 송악산, 창천리 군산, 고산 수월봉과 당산봉, 김녕 입산봉, 종달리 말미 오름, 우도 등 대체로 바닷가 근처의 오름들이다. 뜨

암벽의 밝은 면이 마치 산돼지가 입을 벌리고 있는 듯하다.

 거운 마그마가 지표면을 향해 올라오다가 지하수나 바닷물, 호수 등 물을 만나게 되면 물이 끓으면서 강력한 폭발을 일으키게 된다. 끓는 기름에 물을 떨어뜨리면 물이 튀어 오르는 것과 같은 이치다. 이것이 수성 화산 활동이다.
 마그마와 만나는 물의 양이 많으면 폭발력이 크다. 화구에서 터져 나온 화산재와 암석 등 화산 분출물은 축축하게 젖은 채 공중으로 튀어 올랐다가 천천히 떨어지면서 쌓인다. 모래성을 쌓을 때 마른 모래보다 젖은 모래로 경사진 성을 쌓기 쉬운 것처럼, 젖은 화산재가 쌓일 때도 경사가 가팔라진다. 이것을 '화산재 언덕'을 뜻하는 응회구凝灰丘라고 부른다. 반면 마그마와 물의 양이 비슷하면 폭발력은 더 크지만 화산 분출물들이 뜨거운 화산가스나 수증기와 뒤섞여 수평으로 퍼져 나간다. 사방으로 사막의 모래 폭풍처럼 빠르게 땅 위를 흘러가다가 쌓이는 것이다. 거기다 물기도 적어 경사도 물론 완만해진다. 이것은 '완만한 화산재 언덕'을 뜻하는 응회환凝灰環이라고 부른다.

일출봉은 물론 경사가 가파른 응회구다. 그러나 일출봉은 화산 폭발 당시와는 전혀 다른 형태로 변해버렸다. 수천 년 동안 경사면이 파도에 깎여 나가면서 화구 내부만 남은 형태가 됐다. 그리고 바깥쪽은 거의 수직에 가까운 지금의 모양으로 변한 것이다. 침식은 지금도 계속 일어나고 있다. 화구의 둥근 모양만 남은 일출봉은 바다 쪽에서 계속 진행되는 침식으로 인해 분화구 내부가 깎여 나갈 것이다. 끝내는 일출봉이 지금과는 전혀 다른 모습이 될 것이다.

일출봉 안내를 맡은 전용문 박사(지질학, 제주도 세계 자연유산 관리단 연구원)의 설명이 잠깐 끊긴 사이 배를 몰고 나간 선주 이상권 씨가 선실을 나왔다. 이 씨가 가리키는 방향에는 산돼지가 입을 벌리고 달려가고 있었다. 화산재층의 겉 부분이 떨어져 나가면서 만들어놓은 그림이었다. 배를 타고 나가서야 만날 수

신양리에서 바라본 일출봉. 침식이 진행되어 수직으로 깎여 나간 동쪽 바깥벽과 완만한 서쪽 사면이 대조를 이룬다.

있는 보너스.

　바다 근처에서 화산 폭발이 일어나면, 화구에 공급되는 물이 풍부해 계속적으로 강한 폭발이 이어지면서 마그마가 잘게 부서져 화산재가 된다. 물이 더 이상 공급되지 않으면 폭발력이 약해지고 가스를 포함하고 있는 마그마가 터져 나오면서 송이로 구성된 화산체를 형성한다. 이후 가스가 모두 빠져나가고 난 뒤에는 마그마가 그대로 흘러나와 용암이 된다. 이 용암은 이미 만들어진 송이 화산체의 한쪽 구석을 부수며 흘러 나가 말발굽형 분화구가 만들어진다.

　일출봉은 바닷물이 계속 공급돼 화산재층을 이룬 것이다. 화산재와 함께 지표면에 있던 암석들이 한꺼번에 공중으로 치솟아 올랐다가 화구 주변을 따라 차곡차곡 반복적으로 쌓인다. 하지만 화구 주변의 가파른 경사 때문에 화산재층이 종종 미끄러지는 사태가 발생한다. 일출봉에서는 화산재층이 미끄러져 지층이 변형된 모습도 나타난다.

　화산재층은 미끄러지기도 하고, 꼭대기 부분이 비에 쓸려 종종 내려앉기도 한다. 아래쪽 사면이 파도에 침식되면서 중간 벽면이 주저앉고 소금기를 머금은 바람이나 강풍에 실려오는 비도 벽면을 깎아낸다. 오랜 세월을 두고 파도와 비바람에 시달려 온 화산재층은 위아래로 잘라내듯 무너져 내린 곳도 있고, 깊은 산중의 계곡처럼 파여 나간 곳도 있다. 바다 쪽에서 바라본 일출봉의 바깥벽은 그래서 장관을 이룬다.

　화산 폭발과 함께 튀어 나온 암석들은 화산재층에 박힌다. 화산재층이 비바람에 침식되면서 박혀 있던 암석들도 떨어져 나

- 좌
암석이 떨어져 나간 뒤 바람이 깎아놓은 일출봉 동쪽 면의 구멍.

- 우
일출봉 아래 바닷가에 있는 화산재층의 돌개 구멍.

온다. 그래서 생긴 작은 구멍은 다시 바람에 깎이면서 점점 커진다. 어떤 것들은 그 크기가 2미터에 달하기도 한다. 돌멩이와 바람의 작용이다. 돌멩이와 파도의 작용도 마찬가지다. 일출봉 아래 바닷가에는 일출봉에서 떨어져 나온 화산재층이 흔하게 널려 있다. 이들 화산재층 위에 어쩌다 얹히게 된 돌멩이가 파도에 이리저리 휩쓸리면서 구멍 안쪽 벽을 깎아 구멍을 점점 크게 만들어놓는다. 이것을 '돌개구멍pot hole'이라고 부른다.

성산 일출봉의 나이는 얼마나 됐을까. 그 학술적 중요성에도 불구하고 형성 시기는 최근까지도 알려지지 않았다. 많은 학자들이 다양한 방법으로 일출봉의 화산암 조각에 대한 연대 측정을 시도했지만 모두 실패했다. 일출봉의 나이가 너무 젊어 암석의 연대 측정에 적합한 물질이 포함되어 있지 않기 때문이다.

나이를 알아낸 실마리는 엉뚱한 데 있었다. 일출봉에서 떨어져 나온 화산 물질들이 파도에 의해 신양리 방향으로 이동해 '신양리층'을 만들어놓았다. 이 신양리층에 많이 포함돼 있는 조개 화석의 연대를 측정한 결과 모두 5천 년 내외의 것들로 밝

전용문 박사가 하트 모양의 탄낭 아래에 있는 화산 폭발 당시 파도의 흔적을 설명하고 있다.

혀졌다. 5천 년 이전 조개들은 발견되지 않았다. 일출봉에서 떨어져 나오는 화산 물질에 조개들이 파묻히기 시작한 것이기 때문에, 일출봉은 약 5천 년 전 화산 분출로 생겨났으리라 추정되는 것이다.

산방산이 80만 년, 비양도가 3만 년, 수월봉이 1만 6천 년, 우도가 1만 년인 데 비해 일출봉은 가장 젊은 오름에 해당된다. 전용문 박사는 비양도에서 신석기 유물이 발견돼 비양도가 1천 년 전 화산 폭발에 의해 형성됐다는 주장은 잘못된 것이라고 설명한다. 1천 년 전 비양도 근처 바다에서 화산이 폭발하기기는 했으나, 오름이 만들어질 정도는 아니었으리라는 것이다. 또한 탄낭 아래쪽에 파여 나간 부분을 가리키며, 일출봉 주변의 화산 폭발 당시 해수면 높이는 지금과 거의 비슷했을 것이라고 추정했다. 작은 돌멩이들이 드러난 부분은 화산 폭발 당시 화산재층이 파도에 의해 깎여 나간 곳인데, 지금도 밀물 때는 이 높이까지 물이 차오르기 때문에 그렇다는 설명이었다.

세계적으로 인정받는 지질학적 가치나 빼어난 경관과는 무관하게 역사는 일출봉 곳곳에 깊은 생채기를 남겨놓고 있었다. 일제강점기에 패망을 향해 달리던 일본은 제주도 곳곳에 진지를 구축하고 최후의 결전을 준비했다. 일출봉에는 제주도로 접근하는 연합군 함대를 향해 자살 폭파 공격을 감행하기 위한 수상 특공 병기 '신요震洋'의 격납고를 설치했다. 동쪽 바다를 향해 만들어진 열여덟 곳의 진지 갱도가 그것이다.

전남 지방 광산 노동자들이 대거 동원돼 구축한 것으로 전해지는 진지 갱도는 높이 3.5미터, 길이 10미터 내외의 일자형一字形 외에 왕자형王字形으로 구축된 갱도도 1기가 있다. '대양을 뒤흔든다'는 뜻의 일본 군함 이름을 딴 이 병기는 80마력짜리 엔진을 달고 뱃머리에 250킬로그램의 폭약을 장착했다. 이 신요 자살 특공대로 인한 사망자는 필리핀 해역에서 9백여 명, 오키나와 해역에서 159명이었지만 연합군의 군함에 타격을 주지는

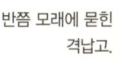
반쯤 모래에 묻힌 격납고.

못했다고 한다.

이 격납고들은 신요가 바로 출격할 수 있도록 해수면 바로 위에 위치해 있었을 것이다. 그런데 동쪽 끝 격납고는 반쯤 모래에 묻혀 있고, 바로 이웃 격납고는 바닥에서 4~5미터 위에 위치해 있다. 일출봉 동쪽에 설치된 방파제가 파도의 흐름을 바꾸면서 모래를 동쪽으로 밀어낸 탓이다. 시멘트로 잘 만들어놓은 격납고는 해녀들이 불턱(바다에 들어갔다 나온 뒤 불을 피워 언 몸을 녹이는 곳)으로 사용하고 있다.

수천 년 동안 파도와 비와 바람에 깎여 분화구의 둥근 모양만 남은 성산 일출봉. 그래서 그 경관이 더욱 빼어나지만 지금도 침식은 계속되고 있다. 그렇다면 앞으로도 침식은 진행될 것이고, 끝내는 성산 일출봉이 사라지고 마는 것이 아닐까. 전 박사는 "사라지는 것이 아니라 모양이 변할 뿐"이라고 한다. 성산 일출봉에서 떨어져 나간 화산재층이 신양리층을 이루었던 것처럼. 인간의 힘이 미치지 못하는 자연의 신비는 지금까지 그래왔듯이 앞으로도 그렇게 운행할 터이다. 성산 일출봉의 미래는 우리의 영역이 아니다. 오후가 되면서 성산 일출봉은 맑은 하늘 아래 그 모습을 온전하게 드러내고 있었다.

23
화산학 교과서 수월봉

도내 360여 개의 오름 가운데 하나인 한경면 고산리 수월봉은 색다른 즐거움을 준다. 다른 오름처럼 올라가서는 안 된다. 작은 구릉 모양이어서 올라갈 만큼 높지도 않다. 해안 절벽을 따라 빙 돌아가며 오름 아랫도리를 둘러봐야 하는 곳이다. 수성 화산 폭발로 형성된 탓에 다른 오름과 전혀 다른 모습이기 때문이다. 유네스코에서 정한 기준에 들어맞을 만큼 지질학적으로 가치가 있고, 세계적으로 희귀한 데다, 그야말로 경관이 아름답다.

화산재의 결이
그대로 드러나는
수월봉의 퇴적층.

    1만 8천 년 전 지금의 수월봉과 차귀도 사이 중간 지점에서 화산이 폭발했다. 마그마와 지하수가 격렬하게 반응하여 화산재와 수증기가 강하게 뿜어져 나온다. 강력하게 뿜어져 나온 분출물은 옆으로 빠르게 퍼져 나간다. 화산가스와 함께 화산재와 돌멩이들이 지표면을 따라 빠르게 흘러간다. 입자가 굵은 것들은 가까운 곳에서 흐름을 멈추고, 입자가 작은 것들은 멀리까지 흘러간다. 화산 폭발은 한 번으로 끝나는 것이 아니라 연속적으로 일어난다. 화산가스, 수증기와 뒤섞여 사막의 모래 폭풍처럼 빠르게 땅 위를 흘러가면서 연속적으로 화산재층을 쌓아놓는다. 땅 위로 흘러 나와 굳어버린 화산재 위로 다시 화산재 더미가 흘러 여러 겹의 퇴적층이 생긴다. 이 퇴적층은 그렇게 가지런한 결을 이루게 되고, 어떤 곳에서는 쉴 새 없이 물이 떨어져 그 주변이 이끼로 덮이게 된다.

수월봉은 절벽 아래 해안 '엉알'을 따라서 걷다 보면 온갖 모양의 퇴적 구조를 생생하게 볼 수 있을 뿐만 아니라, 화산재의 분출과 퇴적 과정을 이해하는 데 중요한 자료가 되고 있어 '화산학 교과서'로 불린다. 그러니까 화산섬 제주도의 지표면을 이루는 현무암 위로 진흙이 쌓여 있었고, 차귀도와 고산 사이 중간쯤에서 화산 폭발이 일어났는데, 땅 위를 흘러간 화산재의 퇴적층이 수월봉을 만들었다는 말이다. 그런 과정들이 수월봉에 고스란히 드러나 있다.

어느 정도 화산재가 쌓인 뒤에 또다시 화산이 폭발하면서 화구 주변에 있던 돌이나 바윗조각들이 튀어 올라 화산재 퇴적층에 박히기도 한다. 이런 경우 화산재층의 결이 끊기거나 살짝 흔들린 것처럼 내려앉는다. 이런 구조를 '탄낭'이라고 한다. 현무암과 달리 이 화산재 퇴적층은 파도에 쉽게 침식당한다. 무너져 내리기도 하고 깎여 나가기도 한다. 바로 바다에 접해 있어 파도가 닿을 수 있는 지점은 이미 상당 부분 침식되고 있다.

이날 해설을 맡은 안웅산 교수(경상대)는 2004년 처음 수월봉에 왔을 때만 해도 멀쩡했던 벽이 움푹 파여 나간 현장을 소개

● 좌
현무암층 위에 진흙층이, 그 위로 화산재 퇴적층이 덮고 있다. 이 진흙층을 '고산층'이라 부른다.

● 우
'엉알'에서 발견되는 탄낭.

화산학 교과서 수월봉 **223**

● 좌
안웅산 박사가
6년여 만에 높이
10미터, 깊이 3미터
크기로 파여 나갔다고
설명한 지점.

● 우
아래 부분이 파이면서
내려앉은 곳.

했다. 파도에 의한 침식은 계속될 것이고, 지금 같은 속도로 파인다면 수월봉 위에 들어선 고산기상대 건물도 언젠가 남아나지 못할 수도 있다. 하지만 3~4미터 높이의 현무암층을 앞에 두고 있는 지점은 멀쩡하다. 마치 바다 쪽으로 튀어 나온 것처럼 보일 정도다. 현무암층이 방파제 구실을 한 것이다. 이곳처럼 특별한 지점이 아니면 파도를 당하기 어려웠을 것이다.

1만 8천 년의 세월을 파도와 싸우며 견딘 수월봉도 일본 군국주의자들의 손길을 피할 수 없었다. 2차대전 당시 결7호 작전에 따라 제주도를 마지막 결전장으로 삼으려 했던 일본은 이곳 수월봉에도 동굴 진지를 파고 바다를 향해 포를 설치해 결전에 대비하고 있었다. 물론 노역은 고산 지역 주민들의 몫이었음은 두말할 필요가 없을 것이다.

얼마 전 제주도가 '유네스코 지질 공원'으로 인증되었다고 하는데, 인증을 받는 것으로 끝나는 게 아니다. 교육용으로, 관광자원으로 활용하고 지역 경제 발전에 기여해야 한다. 지금 수월봉에는 더 많은 준비가 필요하다. 적당한 자리에 안내소가 들어서서 탐방객들에게 제공할 안내 책자도 비치하고, 쉬운 말로 설명해주어야 할 해설사도 있어야 한다.

사실 지질학 용어들은 일본의 용어를 그대로 차용해온 탓에 모두 다 한자어인 데다, 익숙한 단어들이 아니어서 친절한 설명이 없으면 이해하기가 힘들다. 화산재를 '응회', 화산재로 이루어진 낮은 구릉 형태의 오름을 '응회구', 돌멩이나 바윗조각 따위로 이루어진 것을 '분석구', 화산가스와 함께 터져 나온 것들을 '화쇄', 이것들이 빠르게 땅 위를 흘러가는 것을 '화쇄 난류' 등으로 표기하고 있으니, 쉬운 우리말로 고치는 일을 빠뜨릴 수 없다.

더 시급한 것은 기본적인 관리다. 수월봉 아래 해안인 '엉알'은 파도에 밀려온 쓰레기들로 가득했다. 각종 폐어구는 물론이

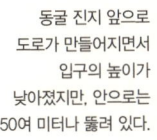
동굴 진지 앞으로 도로가 만들어지면서 입구의 높이가 낮아졌지만, 안으로는 50여 미터나 뚫려 있다.

● 좌
네 줄로 걸어가도
될 만한 '생이기정길'.

● 우
다행히 남아 있는
오솔길.

고 중국 상표가 붙어 있는 병 따위가 널려 있는 것으로 보아, 이 쓰레기가 제주도에서 버려진 것이 아님을 알 수 있다. 막아낼 길이 없으니 쓰레기가 들어오는 대로 치우는 수밖에 없다.

지질 공원 인증 기준에 맞추기 위해서도 수월봉을 비롯한 대표 명소들이 지역 경제에 이바지해야 한다. 고산 일대의 농수산물을 비롯한 특산물 판매 등을 통해 지역 주민의 소득을 올릴 방법을 찾는 것은 행정기관과 주민들의 과제다. 수월봉 주변에 흐드러진 감국甘菊도 지역 특산물로 제격이다.

수월봉 이웃에 있는 당산봉은 수월봉보다 다소 높은 '응회구'다. 우리는 '생이기정길'이라 이름이 붙은 올레길을 따라 당산봉을 오르기로 했다. '새들이 많은 절벽길'이라는 뜻의 제주 말이라고 한다. 이 길은 널찍하게 뚫려 있고, 거기다 포장까지 돼 있었다. 얼마 전 제주도에서 2억 7천만 원의 예산을 들여 이렇게 꾸며놓았다고 한다.

새소리와 함께 바짓가랑이에 부딪치는 풀잎의 느낌, 발밑의

● '누운 섬' 와도와 대나무가 많았다는 죽도, 차귀도가 나란하다.

폭신한 흙길. 육지의 도시인들은 이런 것들을 찾아 이 시골구석까지 오는 것이다. 넓고 크고 편안하고 화려한 것들에 매일 지겹도록 짓눌려 살던 사람들이 해방감을 느끼려고 이런 길을 찾아오는 것이다. 우리는 오히려 그런 길을 망치고 있는 것은 아닐까.

오솔길을 망쳐놓은 이들이 지질 공원의 대표 명소 수월봉을 어떻게든 꾸미고 싶어할지도 모른다는 생각이 들자, 끔찍한 느낌이 들었다. 수월봉이 파도에 침식되는 것을 막는다고 '엉알'에 인공 구조물을 설치하겠다고 덤빌지도 모를 일이다. 1만 8천 년을 그렇게 버티고 서 있는 자연 앞에 함부로 나대서는 안 된다.

차귀도와 나란히 떠 있는 '누운 섬'(와도)은 '생이기정길'에 들어서자 제 모습을 보여주었다. 사람이 누워 있는 모습

화산학 교과서 수월봉 227

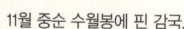
11월 중순 수월봉에 핀 감국.

같다고 붙여진 이름답게 이곳 지질 공원의 경관을 조용히 빛내 주고 있었다.

 어려운 지질학 용어들과 특유의 아름다운 경관과 '엉알'의 해양 쓰레기와 파헤쳐진 오솔길과 무리지어 노랗게 피어난 감국을 머리와 가슴에 품은 채, 드넓은 고산 평야 한 귀퉁이를 장식하고 서 있는 수월봉을 뒤로하고 우리는 제주로 돌아왔다.

24
3만 년의 신비, 하논

서귀포시 호근동과 서호동에 걸쳐 있는 하논. 입구 쪽으로 20여 미터를 걸어가자 숲으로 둘러싸인 광대한 분화구가 눈앞에 펼쳐진다. 분화구라기보다 드넓은 평원이거나, 분지에 조성된 대규모 논의 모습 그대로였다. 추수를 마치고 겨울을 맞은 하논은 아침에 내린 눈으로 하얗게 덮여 있었다.

우리나라에 하나밖에 없는 마르maar형 분화구 하논은 '큰 논'이란 뜻으로 붙여진 이름답게, 동서로 1.8킬로미터 남

3만 년에 걸친 기후와 식생의 변화 기록을 고스란히 간직하고 있는 생태 박물관 하논.

북으로 1.3킬로미터에다 바닥 면적만 21만 6천 평에 이르는 대형 분화구다. 분화구 가장자리는 빙 둘러 계단식 감귤 밭이 들어서 있다. 동남쪽에는 수십 채의 주택과 창고, 비닐하우스가 자리하고 있고, 개 사육장으로 쓰이고 있다는 블록 담벽 뒤에서는 대형 개들이 짖는 소리만 우렁차다.

이곳이 국내 유일의 대규모 마르형 분화구라는 사실을 모르고 있었다면, 지난 2002년 전지훈련용 야구장으로 개발하려던 야심 찬 계획이 그럴듯해 보였을 것이다. 잔디로 뒤덮여 깔끔하게 잘 다듬어진 야구장들이 들어선다면, 겨울철 전지훈련을 하기에 더없이 적절한 곳이다. 서귀포 일대 숙박업소와 음식점, 관련 업계는 물론이고, 이 지역 경제에 상당한 영향을 미치리라 판단하기 어렵지 않다.

마그마가 물과 만나면서 폭발하는 경우를 수성 화산이라고 부른다. 기름을 둘러 달궈진 프라이팬에 물을 부으면 마치 폭발하듯 기름이 튀는 것처럼, 뜨거운 마그마가 지하수와 만나면서 폭발한 화산이다. 이때는 강한 폭발력과 함께 화산재가 분출해 주변을 뒤덮는다. 백두산이나 일본의 후지산, 폼페이를 멸망시킨 베수비오 화산 등이 대표적이다. 제주도에서는 송악산, 일출봉, 수월봉 등이 있다. 반면 제주도나 하와이처럼 물이 너무 많은 바닷속이거나 물이 전혀 없을 경우에는 폭발력이 크지 않은 상태로 용암이 분출된다.

화산 폭발과 함께 분출된 화산재(회灰)가 굳으면서(응凝) 이루어진 분화구의 형태에 따라 다른 이름이 붙는다. 응회환, 응회구, 마르 등이 그것이다. 응회환은 분화구 주변의 경사면이 완만한 것으로, 송악산이나 수월봉이 여기에 해당된다. 일출봉처럼 경사면이 급한 것은 응회구라고 부른다.

마르형은 분화구 주변 경사면이 완만해 응회환과 비슷하지만, 분화구 위치가 기반암보다 아래에 있는 경우를 일컫는다.

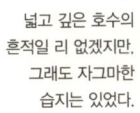
넓고 깊은 호수의 흔적일 리 없겠지만, 그래도 자그마한 습지는 있었다.

기반암보다 아래에 분화구가 있다는 것은 분화구가 오목해서 폭발 이후 물을 가두기 쉬운 형태가 된다는 것이다. 하논의 경우 기반암인 현무암층을 뚫고 폭발이 일어나 화산재가 분출됐고, 분화구에는 빗물이 고이면서 넓고 깊은 호수가 만들어졌다.

하논에서의 화산 폭발은 그 규모로 보아 화산재가 멀리까지 퍼져 날리면서 제주도 전역에 영향을 미쳤을 것으로 보인다. 화구 주변에 쌓여 있던 화산재가 조금씩 분화구에 만들어진 거대한 호수에 쌓이면서 퇴적층을 만들었다. 여기에 다시 호수 주변의 식물들이 죽거나 식물 뿌리의 작용으로 유기물이 생성돼 화산재와 섞이면서 까만 진흙층을 구성하게 됐다. 이렇게 만들어진 퇴적층은 최고 15미터, 평균 9~10미터나 된다.

하논 남쪽 가장자리에는 작은 알오름이 하나 있다. 폭발을 일으킨 지하수가 고갈되면서 비폭발적 분출이 일어나 분화구 안에 화산재가 아닌 송이로 이루어진 오름을 만들어낸 것이다. 이

끝없이 펼쳐진 논밭길 뒤로 작은 알오름이 보인다.

방목된 말 한 마리가 하논에서 눈을 맞으며 서 있다.

런 알오름은 수성 화산인 송악산에도 있다.

하논의 화산 폭발은 3만 년 이전에 일어났으리라 추정된다. 기반암 바로 위 퇴적층에 대한 방사성동위원소 연대 측정 결과, 이 퇴적층이 형성된 시기가 3만 년 전으로 확인됐기 때문이다. 이 퇴적층의 성분 조사를 통해 3만 년 동안 이루어진 이곳 식생의 변화와 기후변화도 함께 확인할 수 있다. 하논이 지질학적 가치는 물론이고 생태적, 기후학적 가치가 뛰어난 이유다.

지난 5백 년 동안 분화구 일대는 많은 변화를 겪었다. 제주도 어디에도 여기만큼 논농사를 짓기 좋은 곳은 찾아보기 어려울 정도다. 지표면이 두꺼운 진흙으로 덮여 있어 물이 빠지지 않는 데다, 용출수까지 있어 수량도 풍부하다. 주민들은 분화구의 한 귀퉁이를 허물어 물을 빼고 이곳을 논으로 만들었다.

근래 들어서는 주변에 감귤 밭이 조성되기 시작했고, 방풍을 위해 삼나무도 심어졌다. 이곳에는 사유지가 18만여 평인 데 비해 국유지는 고작 2800여 평이 전부다. 이날 탐방에서 해설을 맡은 제주도 세계 자연유산 관리단의 전용문 박사는 지난해 여름 하논을 답사한 독일 불칸아이펠Vulkaneifel 마르 박물관의 한 연구원이 "기대를 많이 걸고 제주를 방문했으나 원형이 너무 많이 훼손됐다"며 안타까워했다고 전했다.

이곳 하논에 대한 복원 논의가 시작된 것은 지난 2002년이었다. 서귀포시가 국비 7억 원과 지방비 3억 원을 확보하고, 복원 사업 기본 계획의 용역을 실시했다. 그러나 토지 소유주들의 강한 반대에다 정부의 사업 타당성 심사에서 "국고로 토지 매입은 불가하다"는 부적정 판정을 받아, 7억 원의 국고 보조금을 반납하게 됐다.

하논 복원 사업 논의가 재점화되면서, 2010년 11월 열린 국제 심포지엄에서 일본 나고야대 히로유키 기타가와 교수는 "하논 분화구 안의 최고 15미터에 이르는 퇴적층에는 과거 동아시아 지역의 기후변화를 알 수 있는 열쇠가 들어 있다"고 말했다. 독일 포츠담 지구과학 센터의 아킴 브라우어 박사는 "미래 기후변화를 예측하기 위해 과거 기후변화의 자연적인 기록 보관소가 필요하다"면서 "이는 마르형 분화구 내 호수에 보존돼 있다"고 강조했다.

고古기후와 고古식생 등 자연사가 고스란히 보존된 세계적 생태 박물관으로 평가받고 있는 하논. 지난 2012년 제주에서 열린 세계 자연 보전 총회(WCC)에서는 참가자들의 절대적인 지지 속에 하논 분화구를 의제로 채택하면서 그 복원을 권고했다. 제주도는 물론 국가 차원에서도 논의가 필요해 보인다.

25

섬 속의 섬
비양도

비양도를 탐방하기로 결정된 뒤 비양도에 가본 적이 있느냐는 질문을 받았다. 대학에 다니던 1971년 여름인가에 다녀온 적이 있어, "오래전에 이미 갔다 왔다"고 대답하자 그건 다녀온 게 아니란다. 40여 년 전과는 많이 달라졌기 때문이라는 것이다. 내 기억 속 비양도는 포구 주변에 옹기종기 모여 있는 집들, 뒷동산 오르듯 단숨에 올라갔던 비양봉 그리고 작은 등대가 전부였다. 40년 세월에 비양도는 얼마나 달라졌을까.

과거에 협재에서 뗏마(노를 지어 움직이는 무동력선)를 타고 갔던 것과 달리, 이번에는 한림항에서 40명 정원의 그럴듯한 도항선을 탔다. 풀숲을 헤치며 올랐던 비양봉에는 말쑥한 모습의 나

한림항에서 본 비양도.

무 계단이 놓여 있었고, 정상 주변에는 철망이 설치돼 있었다. 좁은 흙길이었을 섬의 일주도로는 대형 트럭도 달릴 수 있을 만큼 널찍하게 시멘트로 포장된 채 섬을 휘감고 있었다. 아이들 네 명이 재학 중인 협재초등학교 비양분교에 40여 년 전 그때는 몇 아이나 다니고 있었을까.

겉모습이 달라진 것은 대수롭지 않았다. 비양도가 왜 '화산섬'으로 불리는지, 비양도 어촌계의 안타까움이 무엇인지, 섬을 빙 돌아 해변 풍광이 어떤지 당시에는 관심도 두지 않았기 때문이다.

비양도는 바다 밑에서 일어난 화산 폭발로 만들어진 섬이 아니다. 도내 360여 개 오름처럼 육상에서 형성됐고, 형성 당시에는 제주도 본토와 연결돼 있다가 7500~8000년 전 해수면 상승으로 섬이 되었으리라 추정된다. 고려 목종 5년(1002년) 5월에 비양도의 화산이 폭발했다고 『고려사절요』에 기록돼 있어, 비양도는 '천년의 섬'으로 불린다. 또한 비양도는 입상기암立狀奇岩군을 비롯해 해변 곳곳에 아무렇게나 널린 화산탄과 분석구, 일주로 변의 송이 더미에 이르기까지, '화산섬'으로 불려도 좋을 만큼 화산 폭발의 흔적들을 모두 갖추고 있다.

비양도 해변에는 '아기 업은 돌'로 불리는 대표적인 수형암맥樹形岩脈이 자리하고 있다. 아기 업은 모습을 하고 있다는데 상상력 결핍 탓인가 얼른 이해되지 않는다. 그 아래에는 촛불을 켰던 흔적들이 있는 걸 보니, 아이 없는 부모들이 기도라도 했던 모양이다. '아기 업은 돌'은 그 주변에도 다른 수형암맥들이 서 있어 천연기념물로 지정돼 있다. 수형암맥들은 지하의 마그마가 땅 위로 솟아올라 형성되었는데, 국내에서는 비양도의 이것이 유일하다. 화산 폭발과 함께 공중으로 한참을 날아오른 뒤 굳은 상태에서 떨어진 화산탄은 공기의 저항을 받은 흔적이 뚜렷했다. 분석구는 비탈을 구르면서 둥그런 모양을 하게 된 용암 덩이다.

● 좌
아기 업은 돌.

● 우
코끼리 바위.

섬 속의 섬 비양도　237

바닷물이 들어와 만들어진 '염습지'인 펄랑못.

　침식이 진행되면서 단단한 부분이 해안선 근처에 작은 바위섬으로 남아 있는 것을 '시 스택sea stack'이라고 부른다. 비양도의 대표적인 시 스택인 '코끼리 바위'는 코끼리가 긴 코를 바다에 담그고 서 있는 모양을 하고 있다. 썰물 때 섬을 일주할 수 있도록 맞추기 위해 탐방 날짜까지 앞당겼던 터라, 용암 해변이 걷기 불편하다고 '코끼리 바위'까지 가는 것을 어찌 마다하랴. 밀물 때면 바다 한가운데 서 있는 '코끼리 바위'를 우리는 걸어서 속속들이 돌아볼 수 있었다.

　일주도로 안쪽에 있는 '펄랑 못'은 작은 호수처럼 보였다. 비양봉 한 귀퉁이를 감싸듯 펼쳐진 못은 바닷물이 들어와 만들어진 '염습지'다. 시멘트 포장도로에 물이 갇혀 염도가 높아지면서 파래도 살지 못하게 됐다고 한다. 바닷물이 드나들 수 있도록 일주도로 아래로 구멍을 냈지만 별 효과가 없는 모양이다. 비양도에서 화산 폭발이 있은 지 1천 년이 되던 해인 지난

비양도의 보말.

2002년 '천년 축제'가 마련됐다. 비양도에 그렇게 많은 사람이 몰린 것은 그때가 처음이었다고 한다. 비양봉 정상 부근이 무너져 내려앉은 것도 그때였다. 더 이상의 붕괴를 막기 위해 비양봉에 이르는 나무 계단 옆으로 철망을 설치하지 않을 수 없었을 것이다.

점심 식사를 한 뒤 일행들은 낚시를 했는데, 낚싯줄을 던지자마자 연신 고기가 올라왔다. 한 번도 낚시를 해보지 않았다는 참가자들도 '물 반, 고기 반'이라며 좋아했다. 비양도 주변에 어족이 풍부하다는 소문이 사실인가 보다. 그런 탓인가. 비양도 주변 바다를 한림읍 내 9개 마을의 어촌계가 차지하고 있었다. 주민들은 비양도 인구가 적어 그렇게 됐다고 했다. 집 앞의 바다에서 작업을 하다가 다른 마을 어촌계의 단속을 받는 것이 말이 되느냐고도 했다.

비양도에 하나밖에 없는 슈퍼 겸 식당인 '민경 슈퍼'의 보말죽은 보말이 풍성하게 들어 있어 씹히는 맛이 그만이었다. 반찬으로 나온 '굼벗(딱지조개) 무침'도 금세 동이 났다. 일행들이 낚은 고기로 끓인 '어라면' 또한 모두를 만족시켰다. 하지만 예정 시간보다 서둘러 섬을 떠나야 했다. 결혼 잔치가 끝나기 전에 제주시에 있는 잔칫집까지 가야 한다고 도항선 선주가 재촉한 탓이다.

비양도에 수없이 널려 있던 화산탄과 분석구는 암석 반출이 금지되기 전 외부인들이 숱하게 들고 나가서, 지금은 그리 많지 않다. 그 많던 화산탄과 분석구는 지금쯤 어느 곳 정원을 장식하고 있을까. 바닷물 유입이 충분치 않은 펄랑 못의 염도는 얼마나 더 높아질까. 비양도 어촌계가 차지하고 있는 비양도 서쪽 바다로 구름이 짙게 깔리기 시작했다. 예초기를 들고 포구로 걸어가던 가족은 벌초를 마친 뒤 땀 씻을 사이도 없이 막 비양도를 떠났다. 아담한 비양분교는 아이들의 꿈을 키우는 어머니처럼 조용히 서 있다. 포구 앞 작은 건물의 그늘에서 쉬던 노인 몇 분이 다시 오라며 우리를 배웅했다.

26
한라산이
곧 제주 섬이다

이 산은 그 혜택이 백성과 나라에 미치고 있는 것이니, 지리산이나 금강산처럼 사람에게 관광이나 제공하는 산들과 비길 수 있겠는가. 오직 이 산은 유독 바다 가운데 있어 청고하고 기온도 낮으므로, 뜻 세움이 곧고 근골이 건강한 자가 아니면 결코 오르지 못할 것이다.

조선 말기 유학자이자 애국지사인 면암 최익현이 1년 3개월의 제주 유배 생활을 마치고 난 뒤 한라산을 오르고 남긴 기록의 한 대목이다.

한라산. 제주의 역사와 제주 사람들의 삶이 한라산과 관련되지 않은 것이 없으니 '제주도의 상징'이라는 것 외에 더 적절한 표현이 없을 것이다. 한라산漢拏山의 원래 이름은 '하늘'을 뜻하는 '한울산'이었다고 한다. 높은 산이라는 점 외에 신앙의 대상으로 삼았기 때문으로 보인다. 옛사람들은 한라산에 신선들이 살고 있다고 믿었으니, 함부로 범접하기 어려운 대상으로 여겼을 만하다. 이 이름이 고려 시대 한자로 표기되는 과정에서 한라산으로 바뀌어 불리게 됐다는 말이다.

백록담도 마찬가지다. 원래 화구호火口湖라는 뜻의 '불늪[火池]' 또는 천신天神의 못을 뜻하는 '붉늪[天池]'으로 일컬어졌던 것이 한자로 표기하면서 '백록白鹿'으로 바뀌고 말았다는 것이다. 시조 시인 이은상李殷相(1903~82)은 『탐라 기행 한라산』(1937)에서 "깊고 높고 신비한 뜻을 묻어버리고 남의 글자를 함부로 집어오는 것이 어떻게나 어리석고 탈 날 일이 아니겠더냐. 조선의 역사가 남의 글자 때문에 오그라들고 남의 사상 때문에 시들어버린 것을 생각하면 얼토당토않은 '백록'의 두 글자는 소리 나게 동댕이쳐버릴 일이다"라고 한탄했다.

한라산이라는 이름은 고려 충렬왕 때인 1275년에서 1308년 사이 제주에 머물던 혜일 스님의 시에 처음으로 등장한다. "한라의 높이는 몇 길이던가. 정상의 웅덩이는 신비로운 못"이라는 내용이다. 또 『고려사』에는 "진산鎭山 한라는 현 남쪽에 있다"는 기록이 있다. 고려 시대에 이미 한라산이라는 이름이 널리 쓰인 것이다.

어리목 탐방로

어리목에서 윗세오름까지 오르는 탐방로의 시점인 어리목 광장에는 '한라산 국립공원 탐방 안내소'가 있다. 1, 2층 전시실에는 한라산의 생성과 지질, 한라산에 얽힌 설화, 식생과 조류, 동물 등을 소개하는 사진과 동영상, 박제가 전시되어 있어, 한라산에 대한 기본 정보를 충실히 제공하고 있다. 하지만 2층 전시실의 조명을 너무 어둡게 해놓아 전시물을 제대로 볼 수 없는 게 아쉬웠다.

맑은 하늘 아래 버티고 서 있는 한라산은 지난여름 짙은 초록빛으로 가득했던 모습과 달리 가을색이 완연했다. 한라산의 낙엽활엽수림들은 저마다 계절의 변화를 드러내고 있었다. 한라산을 '생태계의 보고'라고 하는 데는 그만한 이유가 있다. 우리나라에서 자라는 4천여 종의 식물 가운데 지리산에 1300여 종,

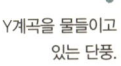
Y계곡을 물들이고 있는 단풍.

설악산에 1천여 종이 있는 데 비해 한라산에는 1800여 종의 식물이 있다. 그뿐이 아니다. 아열대식물의 북방 한계, 한대식물의 남방 한계 지역으로 식물의 분포상을 관찰하는 데도 그 가치가 높기 때문이다. 우리나라에서만 자라는 식물도 한라산에 가장 많다. 한국 특산 식물 4백여 종 중 설악산에 23종, 금강산에 34종, 울릉도에 36종, 백두산에 42종, 지리산에 46종이 있는 데 비해, 한라산에는 75종으로 그 다양성이 국내 최고다. 한라산에서만 자라는 제주 특산 식물도 30여 종에 이른다.

어리목 탐방로에 들어서면서부터 울창한 숲이 하늘을 가린다. 몇 분 지나지 않아 입구에서 500여 미터쯤 떨어진 Y계곡에 이르자 단풍나무가 화려한 모습으로 우리를 맞는다. Y계곡은 백록담 서북쪽 벼랑에서 시작되는 남南어리목골과 북쪽 장구목에서 시작되는 동東어리목골이 만나 이루어졌다. Y계곡은 제주의 전형적인 바위투성이 건천이다. 예전에는 Y계곡에 물이 조금씩 흘렀다고 한다. 제주 시민의 식수원인 어승생 수원지를 개발하느라 두 계곡이 만나는 지점에 둑을 쌓고 이 물을 수원지로 끌어가는 바람에 건천이 된 것이다.

계곡을 지나면 1400고지인 사제비 동산까지 가파른 숲길이 이어진다. 계속되는 급경사의 계단을 오르느라 두 차례나 숨을 돌려야 했다. 이 구간에는 한라산의 낙엽활엽수림대에서 볼 수 있는 거의 모든 나무들이 자라고 있다.

주변을 살필 겨를도 없이 한참을 헐떡이며 오르던 도중 길잡이인 사진작가 강정효 선생이 우리를 막아 세운다. 밑동이 아름드리인 죽은 나무 앞이다. 3년 전에 죽은 수령 500년의 물참나 어리목 탐방로의 가파른 계단길 중간에 서 있는 송덕수.

무다. 이 나무에는 '송덕수頌德樹'라는 별명이 붙었다는데 그 사연은 이렇다.

옛날 제주도에 흉년이 들자 어떤 이가 먹을 것을 구하려고 산을 헤매다가 이 나무 아래에서 쓰러지고 말았다. 얼마쯤 뒤 '후두둑' 하는 소리에 정신을 차려보니 나무에서 열매가 떨어지고 있었다. 사람들이 이 나무 열매로 죽을 끓여 먹고 굶주림을 면하게 됐다. 이후 사람들이 이 나무의 덕을 칭송한 데서 '송덕수'로 불리게 됐다는 것이다.

숨 가쁘게 산을 오르다 듣게 된 '송덕수' 이야기는 피로를 씻어주는 청량제였다. 이 나무의 사연을 소개하는 안내판은 나무가 죽자 철거됐다. 제주의 빼어난 자연환경만으로는 충분치 않다. 스토리와 문화가 더해져야 그 가치가 훨씬 커지는 것이다. 설령 오랜 세월이 흘러 이 나무가 흔적도 없이 사라진다 해도 '송덕수가 있던 자리'라는 표지판이 있어야 하는 것 아닌가? 당장 안내판을 다시 세울 일이다.

사제비 동산과 만세 동산

다시 산을 오르기 15분쯤, 급경사가 끝나면서 어느새 울창한 숲은 사라지고 확 트인 초원 지대가 눈앞에 펼쳐진다. 사제비 동산이다. 탐방로 초입부터 우리를 따라오던 조릿대가 이곳 초원까지 가득 메우고 있다. 한라산에 말을 방목하던 때 훌륭한 말먹이였던 조릿대가 국립공원 내 방목이 금지되고 기후변화의 영향이 미치면서 백록담 턱밑까지 올라오게 된 것이다.

지표면을 덮은 조릿대는 한라산의 식생에 변화를 일으키고 있다. 미나리아재비, 한라구절초, 고들빼기 등 키 작은 초본류들이 사라질 위기에 처했다. 진시황이 불로초를 구하러 '영주산'에 보냈던 서복徐福이 가져갔다는 시러미는 조릿대에 밀려 바위 위로 줄기를 뻗고 있다.

조릿대는 갑작스러운 기상이변이 있을 때 한꺼번에 꽃을 피

● 온통 조릿대로 덮인 사제비 동산.

'살아 백 년'(왼쪽) '죽어 백 년'(오른쪽)의 주인공인 구상나무. 왼쪽 사진은 구상나무를 인공 식재해놓은 현장이다.

우고 열매를 맺은 뒤 죽는다고 한다. 『조선왕조실록』에는 숙종 때인 1723년 "4월 이후 온 산의 대나무에 열매가 맺혔다. 제주 세 읍이 극심한 가뭄으로 보리가 여물지 않아 먹을 게 없을 때 이 열매로 범벅과 죽을 만들어 먹었다"는 기록이 있다. 지난 1962년에도 조릿대가 꽃을 피웠다는 것이다. 이에 앞서 제주에는 2년 동안 최대의 한파가 몰아닥쳤다고 한다. 조릿대는 60년에 한 번씩 꽃이 핀다는데 과연 그로부터 60년이 지난 2022년쯤에도 그럴 것인가?

경사가 완만한 사제비 동산에서는 한결 여유가 생긴다. 뒤를 돌아보니 멀리 북쪽으로는 비양도, 서쪽으로는 송악산까지 선명하게 보인다. 눈앞에는 오름 군락이 펼쳐져 있다.

고도 1600미터를 지나면서 '만세 동산' 사면에 구상나무 군락지가 형성돼 있다. '살아 백 년, 죽어 백 년'이라는 구상나무. 수명이 백 년이나 되고 죽은 뒤에도 나무껍질이 다 벗겨진 채 바짝 마른 모습으로 백 년이나 서 있다고 해서 그렇게 불린다. 술자리에서 건배 제의를 받으면 나는 구상나무를 주제로 한 건배

백록담의 화구벽과 그 앞으로 펼쳐진 고산 초원.

사를 즐겨 외친다. 인간의 평균수명이 백 년이 될 날도 멀지 않았으니 사람이 백 년을 살다 죽은 뒤 후세들이 그의 이름을 백 년 동안 기억해준다면 그의 삶은 얼마나 성공적인가. 그런 삶을 살기를 바라는 의미에서 "살아 백 년!"이라고 선창하면 "죽어 백 년!"이라고 화답하는 것이다.

그런 구상나무도 기후변화로 한라산의 평균기온이 올라가면서 그 운명이 불확실하다. 한대식물의 남방 한계가 달라질 것이기 때문에 언젠가 한라산에서 구상나무가 사라질지도 모를 일이다. 한라산 국립공원 관리 사무소에서는 탐방로 주변의 훼손된 지역을 복원하면서 구상나무를 인공 식재해놓고 있었다. 키가 60~70센티미터 정도밖에 되지 않아 어려 보이지만, 이미 9~10년생이다.

사제비 동산에서 30여 분쯤 더 오르면 백록담 화구벽의 웅장한 모습이 눈앞에 다가온다. 20만 년 전 화산 폭발과 함께 백록담이 생성될 때는 이 화구벽이 완만한 경사를 보였을 것이다. 부드러운 조면암으로 이루어진 화구의 서북쪽과 남쪽 벽이 오랜 세월 깎여 나가면서 가파른 절벽을 만들어냈다. 서북쪽 벽은 최근에도 태풍으로 크게 깎여 나갔다.

화구벽 북쪽에 펼쳐진 만세 동산은 드넓은 고산 초원 지대로, 우리나라에서 가장 높은 곳에 위치한 습지원이다. '영주 10경'의 하나인 '고수목마古藪牧馬'의 현장이다. 지금은 그런 장면을 다시 볼 수 없지만, 한라산 정상 코앞에 펼쳐진 초원에서 말들이 한가롭게 풀을 뜯거나 뛰노는 모습은 상상만으로도 환상적이다. 만세 동산 전망대에서는 제주 시내가 한눈에 들어온다.

윗세오름과 영실

윗세오름 대피소 앞 목재 데크는 점심을 먹으려는 탐방객들로 가득하다. 컵라면을 사기 위해 줄지어 선 사람들의 모습이 이채롭다. 윗세오름은 오름 이름이 아니라 '위에 있는 세 오름'을 일컫는 표현이다. '붉은 오름', '누운 오름', '족은 오름'이 포함된다. 제주어 표기법대로 한다면 '윗세오름'은 '웃세오름'이라고 해야 옳을 것이다.

대피소 주변에는 큰부리까마귀 무리가 나무 위에 앉아 탐방객들이 던져주는 음식을 기다리고 있다. 큰부리까마귀는 한라산 어디서도 쉽게 볼 수 있는 조류다. 한라산에는 큰부리까마귀

왼쪽의 병풍 바위와 오른쪽의 오백 장군이 장관을 연출하는 영실기암.

외에 큰오색딱따구리도 제법 많은 개체 수가 서식하고 있다. 한라산에서는 희귀종인 삼광조와 팔색조도 드물게 관찰된다. 포유류의 경우 노루가 한라산을 대표하고 있다. 포획이 금지된 덕에 크게 불어나 1만 7천여 마리(2009년 기준)가 서식하는 것으로 조사됐다. 노루에 의한 농작물 피해 때문에 유해동물로 지정됐다.

과거에 한라산을 상징하는 짐승은 사슴이었지만, 1910년대에 사라진 것으로 파악된다. 조선 시대 제주의 대표적인 진상품은 사슴으로서, 녹용 외에 사슴 가죽, 말린 고기, 혓바닥, 꼬리 등을 진상했다. 1702년 10월 어느 날 이형상 목사 일행이 교래리 지경에서 사냥을 한 기록에는 하루에 사슴 177마리, 돼지 11마리, 노루 101마리, 꿩 22마리를 포획한 것으로 돼 있다. 그만큼 사슴이 많았다는 것이다.

윗세오름까지 오른 다음, 하산길은 영실로 잡았다. 오백 장군 외에 기암절벽의 절경을 보여주는 영실은 '영실기암靈室奇岩'이 '영주 10경'의 하나로 꼽힐 만큼 아름답다. 오죽하면 '신령이 살 만한 곳'이라는 뜻의 영실靈室이라고 했을까. 한라산 서남쪽 등산길인 영실 코스는 3.7킬로미터의 짧은 거리로, 1시간 30분이 걸린다. 봄에는 바위틈의 진달래와 철쭉, 여름이면 울창한 숲과 시냇물, 가을에는 화려한 단풍, 겨울에는 바위와 나뭇가지 위에 핀 눈꽃이 산을 오르는 이들의 눈길을 사로잡는다.

조선 시대 진상품의 생산지, 일제의 마지막 결전을 위한 기지, 4·3 때는 피신과 학살의 현장이던 한라산. 제주의 비극적 역사를 증언하고 있는 한라산은 동시에 제주 사람들의 삶을 지켜오기도 했다. 한라산이 그 장엄한 형상 속에 품고 있는 미래 가치는 또한 얼마인지 가늠하기 어렵다.

참고 자료와 도움 주신 분들

제1부 역사 편: 저항의 섬, 평화의 섬

1. 민란의 땅 모슬포
제10회 탐방(2011. 4. 9)과 박찬식(제주대 평화연구소 특별연구원), 김성훈(생태·문화 해설사)의 해설.

2. 빗창의 항쟁, 잠녀의 숨비 소리
제18회 탐방(2012. 1. 14)과 박찬식, 권미선(해녀박물관 연구원)의 해설.

3. 해방과 4·3, 그 비극의 현장
제21회 탐방(2012. 4. 14)과 김은희(제주 4·3사건 추가진상조사단 연구원)의 해설.

4. 전쟁요새가 된 제주도
제2회 탐방(2010. 8. 14), 제19회 탐방(2012. 2. 11)과 강순원(제주대 문학 석사)과 이영근(평화박물관 관장)의 해설.

5. 제주에 유배 온 사람들
제17회 탐방(2011. 12. 10)과 양진건(제주대 교수)의 해설.

6. 조랑말의 고향 녹산장
제11회 탐방(2011. 5. 14)과 강만익(제주고 교사)의 해설.

7. '목호의 난', 그 흔적을 찾아
제4회 탐방(2010. 10. 9)과 한상희(서귀중앙여중 교사)의 해설.

8. 탐라국의 개국과 그 진실

제15회 탐방(2011. 10. 8)과 박경훈(제주 민예총 이사장)의 해설.
제주인재개발원 엮음, 『제주 역사 이야기』, 2010.

9. 제주 불교의 흥망성쇠

제25회 탐방(2012. 8. 11)과 한금순(제주대 박사, 한국사 전공), 상각 스님(존자암)의 해설.

제2부 문화 편: 제주의 숨은 보물들

10. 산지천 물길 따라 문화는 흐르고

제22회 탐방(2012. 5. 12)과 김태일(제주대 교수)의 해설.

11. 너무 아름다워 잃어버린 마을

제12회 탐방(2011. 6. 11)과 이성무(옛 베릿내 마을 주민), 김권익(옛 한담 마을 주민)의 해설.

12. 은둔의 도읍지 성읍

제7회 탐방(2011. 1. 11)과 강문규(한라산생태문화연구소 소장)의 해설.

13. 회을 김성숙과 청보리

제10회 탐방(2011. 4. 9)과 박찬식, 김성훈의 해설.

14. 제주도에서 명당은 어디일까

제29회 탐방(2012. 12. 9)과 안선진(제주관광대 평생교육원 교수)의 해설.

15. 옛사람들이 남긴 돌 문화재

제9회 탐방(2011. 3. 12)과 강문규, 김성훈의 해설.
제11회 탐방(2011. 5. 14)과 강만익의 해설.
고영철(남광초 교감) / 강순문(교래분교 교사) / 이영권(『제주역사기행』 저자).

16. 예술로 승화된 제주의 돌
제12회 탐방(2011. 6. 11)과 장공익(금능석물원 명장)의 해설.
제28회 탐방(2012. 11. 10).
김남흥(돌하르방 공원 원장).

17. 자연과 미술의 조화
제26회 탐방(2012. 9. 8)과 이행철(한라대 교수)의 해설.

18. 제주의 아름다운 건축물들
제26회 탐방(2012. 9. 8)과 이행철의 해설.

제3부 생태 편: 화산이 남긴 축복

19. 가을, 11월의 오름
제16회 탐방(2011. 11. 12)과 강정효(사진가)의 해설.
제28회 탐방(2012. 11. 10)과 강양선(생태·문화 해설사)의 해설.

20. 아름다운 습지 먼물깍
제23회 탐방(2012. 6. 9)과 정상배(제주환경운동연합 공동의장)의 해설.
김형식, 오순덕(선흘 꽃밭).

21. 백서향 향기 그윽한 무릉 곶자왈
제20회 탐방(2012. 3. 10)과 안웅산(경상대 학술연구교수)의 해설.

22. '영주 10경'의 으뜸, 성산 일출봉
제13회 탐방(2011. 7. 9)과 전용문(제주도 세계자연유산관리단 연구원)의 해설.

23. 화산학 교과서 수월봉
제5회 탐방(2010. 11. 13)과 안웅산의 해설.

24. 3만 년의 신비, 하논
제8회 탐방(2011. 2. 12)과 전용문의 해설.

25. 섬 속의 섬 비양도
제3회 탐방(2010. 9. 4)과 김성훈, 강태유(곶자왈 해설사)의 해설.

26. 한라산이 곧 제주 섬이다
제27회 탐방(2012. 10. 13)과 강정효의 해설.

찾아보기

감태 · 28, 29
갑마장 · 65
갑인의 변 · 75
강관순 · 29
강도순 · 53
강도휘 · 57
강봉헌 · 19, 20
강우백 · 21
강위 · 56
강제검 · 17, 18
강창규 · 91
검은 굴 · 210
결7호 작전 · 40, 41, 48
고득종 · 62, 63, 68
고려대장경 법주기 · 93
고산층 · 223
고수목마 古藪牧馬 · 249
고수선 · 135
고영혼 · 56
고을나 → 삼신인
고인도 · 105
고홍진 · 56
곶자왈 공유화 재단 · 211
곶자왈 땅 한 평 사기 운동 · 210
곶자왈 사람들 · 210

관음보 · 75
귤림서원 · 56, 109
귤원 · 56
기 황후 · 152, 153
김남석 · 25
김달삼 · 15
김대길 · 64
김만일 · 54, 62, 64, 65, 67
김만희 · 54
김몽규 · 161
김상헌 · 26, 108
김석윤(건축가) · 170~74
김석윤(승려) · 91
김연일 · 91, 93
김영돈 · 158
김옥련 · 25
김윤식 · 53, 56
김응빈 · 53
김익렬 · 15
김정 · 108, 154
김중업 · 185
김진용 · 56
김태능 · 135
김태윤 · 25
김태호 · 27

김한정 · 135
김홍주 · 179
김희정 · 56
남수각 · 108
남양방송 · 110
녹산장 · 62, 65
논골 · 115
다구치田口禎熹 · 23
당 5백 절 5백 · 86, 151
돌개구멍 pot hole · 217
돌하르방 · 161
드레물 · 19
람사르 협약 · 200
레고레타, 리카르도 Ricardo Legorreta · 181, 182
마르 maar 형 분화구 · 229~31
막숙 · 74
「말하는 건축가」 · 113
망양정 · 154
명월포 · 73
모흥굴 · 79, 83
목시물굴 · 202
목호(목호의 난) · 61
문무현 · 25
문섬 · 77
문영후 · 56
민규호 · 56
박경훈 · 37
박계첨 · 57
박달목서 · 77
박진경 · 16
반못굴 · 202

방동화 · 91
방성칠 · 17, 18
배염줄이(배연줄이) · 74
법정사 무장 항일 투쟁 · 91~93
벽랑국 · 81, 84, 85
보수주인 · 52
보천교의 난 · 92
본향안치 · 53
부대현 · 25
부덕량 · 25
부을나 → 삼신인
부처 佛處 · 53
부춘화 · 25
분석구 · 225
불탑사 5층 석탑 · 152
비보사찰 · 88
비양도 · 218
4·28 평화 협상 · 15
산마감목관 · 64
산마장 · 61, 62, 64, 65
산장구마 · 66
살아 백 년, 죽어 백 년 · 247
삼밧구석 · 31
삼사석 · 80, 81
삼성사 재단 · 105
삼성혈 · 79, 80, 104~05
삼신인(고을나, 양을나, 부을나) · 79~83
삼의사비 · 22
3·1절 발포 사건 · 37
상장 · 62
생이기정길 · 226
석질리필사 · 74, 75

성내교회 · 111
성읍교회 · 126
성주星主 · 85
세불 포구 · 88
소라 다방 · 110
송계순 · 53
송시열 · 109
송인수 · 108
수성 화산 · 213, 230
수정사 · 87
수형암맥 樹形岩脈 · 237
숨골 · 206
습지 · 199, 200
시 스택 sea stack · 238
신방굴 · 84
신양리층 · 217
신유의숙 · 132, 134
신축교난 · 22
십소장 · 61~63
아아 aa · 207~09
안달삼 · 56
양을나 → 삼신인
어름비 평원 · 70
연북정 · 52
염습지 · 238
영송정 · 154
영실기암 靈室奇岩 · 250
「영주풍아」 · 121
오대현 · 21
오라리 방화 사건 · 15
오현단 · 108~10
원당사 · 87

위리안치 · 53
윤선도 · 52
응회 · 225
응회구 · 214, 225
응회환 · 215, 225
의열사 · 93
이계징 · 56
이기풍 · 111
이능화 · 93
이도일 · 135
이상적 · 55
이시형 · 57
이원진 · 89
이은상 · 242
이익 李瀷 · 54
이재수 · 17, 19~22
이타미 준 伊丹潤 · 174, 175, 178, 184
이한우 · 56
이형상 · 65, 66, 86, 95, 122, 151, 156, 250
인법당 · 87, 89
임문숙 · 36
입상기암 立狀奇岩 · 237
자목장 · 63
잣(잣성) · 62, 63, 67
장림 · 154
절도안치 · 53
점마 · 66
정기용 · 102, 103, 112, 113
정온 · 109
정의 고을 들노래 · 129
제주도 해녀어업조합 · 27

258

조릿대 · 246, 247
조면안산암 · 131, 132
조몽구 · 125
『조선 불교 통사』 · 93
조일 구락부 · 110, 111
증주벽립 · 110
직료 · 64
창민요 · 127~29
채구석 · 20, 115
초고독불화 · 75
초의 선사 · 51, 55
최영 · 72~75
최익현 · 52, 241
출가 잠녀 · 27
출륙 금지령 · 26
침장 · 62
탄낭 · 223
『탐라 기행 한라산』 · 242
탐라 목장 · 61, 71
「탐라순력도」 · 66, 122
『탐라지』 · 89
탐몰라주 존자도량 · 93

탐진현 · 84
파호이호이 pahoehoe · 198, 207~09
포작 · 26
하담 · 75
하도 강습소 · 25
한천 · 54
허련 · 55
헌마공신 → 김만일
혜일 스님 · 242
홍유손 · 93
화북진 · 154, 155
화쇄 · 225
화쇄 난류 · 225
환풍정 · 154
활쏜디왓 · 81
황경한 · 58, 59
황루알 · 81
황사평 · 21
흑룡만리 黑龍萬里 · 158
흑비둘기 · 77
흰죽 · 81